中学校における対話と協同

「学びの共同体」の実践

佐藤雅彰【著】
佐藤　学【解説】

ぎょうせい

はじめに

二〇〇三年十一月十日、私は佐藤学東京大学大学院教授と共著で『公立中学校の挑戦――授業を変える学校が変わる　富士市立岳陽中学校の実践』（ぎょうせい）を出版した。それから八年が経過し、「学びの共同体」の実践校が増えた。「学びの共同体」は、授業改革を軸に学校を内側から改革する実践である。その実践は、偏りのあるイデオロギーではなく、授業を「勉強」から「対話」と「協同」のある学びにし、すべての子どもの学びを保障することがねらいである。

教室には様々な子どもの事実がある。教師がその事実を発見することもなく一方的に知識伝達を図る。そんな授業のなかで何人かの子どもがからだを崩す。教室に居場所をもたない子どもの身体は内側に閉じ、傷つきやすく、気持ちもささくれだっている。教師が、そうした子どもに権威を振りかざし、押さえつければつけるほど、子どもは身をすくませる。学校は未来の社会の担い手を育てる場である。その場がどういう場なのか、学校の問題は子どもの問題ではなく、むしろ大人の問題であるのかもしれない。

学校の存在価値は仲間とともに学び合うことにある。教師も子どもも、人やモノやことと「対話」し、多様な経験をもつ仲間と絆を深めながら様々な課題の解決に向け、共に助け合い、「協同」する。こうした「対話」と「協同」をきちんと実践することで、子どもが学び育ち、教師が学び育つ学校が実現できる。こうした学校では、子どもたちが平等に扱われ、教師たちは卓越性をもった学びの専門家へ変革している。それが学びの学校の実体である。ここには、教師や子どもたちの笑顔がある。お互いを認め合い、信頼し合い、緊張と集中をもって他者と対話し、自分のアイディアを惜しみなく提供し合っている。

本書は、どうすれば「対話」と「協同」のある授業や学校が実現できるか。その理論と道筋を示した。まだ不十分な研究である。けれども実践に関わることで、子どもも教師も価値ある者として認められ、それぞれが、自分が何をするためにここにいるのか、それぞれのアイデンティティを核にしながら民主的なコミュニティをつくることを学ぶことになる。あなたは、その一歩を踏み出せるかどうか。その一歩が学校を変える力になる。
この本は名もない教師や子どもたちから学んだことを中心に書かせていただいた。出版に当たっては、佐藤学東京大学大学院教授に貴重なご示唆をいただいたほか、解説を書いていただいた。また「ぎょうせい」のみなさんには編集にあたって、大変お世話になった。改めて感謝申し上げる。

二〇一一年九月

佐藤雅彰

もくじ

第2章　対話的実践を中心とした学びの創造

第3章　授業をどう観察し、どう省察するか

解説　佐藤雅彰さんが開いた中学校の授業改革

佐藤　学（東京大学大学院教育学研究科教授）

※本書中に登場する子どもの名前はすべて仮名である。

第1章

「学びの共同体」としての学校

1

「学びの共同体」のヴィジョン・哲学

●始まりにあたり

ある学校は生徒指導困難校からの脱却、ある学校は生徒指導でやや落ち着きを取り戻した状況から安定した教室環境へ、今は落ち着いて授業が実施できる学校がさらなる向上への挑戦など、始まりの様相は様々である。

様相は様々であっても、「授業を変えることで学校が変わる」ことを目指す改革である。教師の中には「授業を変えるくらいで学校が変わるのか」と疑問を抱く方もいる。その疑問に対しては、「変わる」と断言できる。もちろん変わるためには、今までの指導観を改めたり、組織・機構改革が必要だったりする。さらに「理論」と「学び合う場の確保」と「やる気の構築」が必要である。単にグループやコの字型の座席といった手段だけで子どもが変わり学校が変わるものではない。改革には理念が必要である。

それだけに、改革の始まりは校長のトップダウンとなり、学校は何をすべきところかを全教職員が共有する。しかしながら改革のプロセスでは、教師たちの下から上へのボトムアップがなければ、改革の継続は難しい。

●学校（教師）がすべきこと

中学校になると「部活動ができる」と小学校の子どもたちは言う。しかし、学校の核は授業である。子どもたちは、学級という母体のなかで一人ではできないことも周囲にいる教師や仲間の支えによってできるようになる。学校教育は、それなしに語られない。

●教室の現状はどうなのか

教師が教えることとは、教師と子どものあいだを生きることである。したがって教師は一人ひとりの子どもの学びに責任をもたなければならない。次ページの写真は、よく見かける教室の現状である。

教師の多くは、この状況でも反応の早い子どもやできる子どもの意見で授業を進め、困り感をもった子どもが放置される。これはあってはならない。改革を阻むものは、教師たちのあってはならないことに対する無頓着さである。特に、問題行動が少ない落ち着いた学校の教師ほど、その傾向が強い。子どもが静かに座って聞いているから学習内容がわかったわけではない。子どもの学びが成立しているわけではない。

　ある中学校教師が、「私の授業で全員は発言しなかったが、参加していた。なぜなら、全員が板書事項をしっかりノートに写していた」と語った。しかし、子どもの知的理解は、子どもが気付いたことや考えたことを自分の言葉で語ることでわかる。板書をただひたすら写す子どもは思考停止で寝ている子どもと同質なのである。教師に子どもが見えていない。

　形式的な授業のなかで学力の二極化が起き、教師の言葉が子どもの心に届か

なくなったとき､子どもは崩れる。パウロ・フレイレは著書『希望の教育学』(太郎次郎社)のなかで、「一方向の説明が長くなれば子どもたちは教師の単調な声に揺すられて心地よく『熟睡』する」と書いた。まさにその通りの現実がある。

救急医が、救急患者の命を全力で助けようとするように、教師は学びの専門家として、子ども一人ひとりの成長と発達に全力を尽くす師でありたい。それをせずに、教師が権威的な言葉で子どもを押さえつける生徒指導の繰り返しでは子どもは変わらない。子どもから信用されない。

●教師は、まず子どもを丸ごと引き受ける

教師の使命は、希望から最も遠いところにいる子ども、いつもは切り捨てられている子ども、地味で目立たない子ども、学べていない子ども、問題がやさしすぎてつまらない子どもなどへのケアである。特に問題を抱える子どもの心の闇を聴き、それぞれの子どもに希望を与えることである。

「丸ごと」とは、彼/彼女らがどのような「生活世界」を生きてきたか、どのような「辛さ」「憤り」等を抱えているのか、それを聴くことである。周囲

の大人が、子どもを偏見の眼で見ず、休み時間や清掃時間などでたわいない会話をしながら子どもが何に囲まれて生きてきたのか、生きているのかを知ることである。

ところが、子どもの心の内を聴くよりも、「お前の将来のために注意しているのだ」と起こしてしまった行為ではなく子どもの人格を否定してしまう教師がいる。こうした生徒指導では自己否定感を植えつけるだけだ。だから子どもは心を閉ざす。まず子どもの「訴え」を聴き受容する。その上で許されない行為をいましめ、今をどう生きるかを語り合う。もっとも丸ごと引き受けるといっても、すべてを引き受けることではないのは当然である。

（1）「学びの共同体」のヴィジョン・哲学

学校生活の約八割は授業である。「学びの共同体」としての学校は、その授業を中核に「ヴィジョン」「哲学」を根っこにした学校改革を目指す。地道な実践の継続によって、子どもたちが学び合い育ち、教師たちが学び合い育つ学校が構築される。

【ヴィジョン】
① 子ども一人ひとりの学ぶ権利を保障する。（子どもが一人残らず学習に参加する。）
② 子どもたちが学び合い、教師たちも学び合い学びの専門家として成長する。
③ 子どもと親と市民から信頼を獲得し、連帯する。

【哲　学】
① 「公共性」。すべての教師が年一回以上は教室を開き、同僚性を育てる。
② 「民主主義」。異なった人間同士が共生できる場所となる。
③ 「卓越性」。どんな条件であっても最上のものを目指す。

●ヴィジョン・哲学はお飾りではない

改革のヴィジョン・哲学は、学校経営方針（グランドデザイン）とは異なる。学校経営方針は、大綱的で網羅的で「何々をしたい」というスローガンで終わりやすい。

ヴィジョンや哲学はスローガンにしてはならない。そのためには、ヴィジョンや哲学を視覚化するとよい。つまり具体的な方略をもち、その方略に従って学校全体で取り組むことである。やりたい人だけがやる改革は失敗する。

しかし、教師は意外と変化を嫌い、頑なな一面がある。それだけに管理職は、教師たちにヴィジョン・哲学を納得してもらう地道な対話が必要となる。ただし、すべての人の納得を待っていたら改革は始まらない。改革は走りながら行うものである。ヴィジョン・哲学は教職員がともに協働する過程を通して、教師たちに授業への心構えをつくり、それがルールとなり、同僚性を育てながら、学びの専門家として育つ教師文化を創る。

(2) 具体的な方略

① 授業で、子ども一人ひとりの学びを保障する

●理解の遅い子どもや低学力層の底上げ

小学校三年生後半から学習の遅れが始まり、小学校高学年で顕在化する。教

師や仲間が、理解の遅い子どもに対して、彼らが必要としているときに必要なケアをすれば、二次的障碍を起こさずにすんだかもしれない。その一つの手段が、子ども同士が互いに支え合う協同的な学びを授業に組み込むことである。

京都府下の高校を訪問した。高校一年生の楠木さんは、私に「中間テストの数学で74点とった」と誇らしげにテスト用紙を見せた。「中学校でも数学が得意だったでしょ？」と尋ねれば「中学の成績はいつも『1』だった。高校になったら4か5や。授業がわかるようになった。斎藤先生や仲間が丁寧に教えてくれる。『ゆとり』、『ゆとり教育』や」と。この学校には、子どもの声にならない思いや「わからなさ」につき合う教師や仲間の存在がある。この学校の教師たちは授業のなかで、子どものわからなさに丁寧につき合っている。校種を問わず、教師がまず低学力層の子どもたちを見捨てることなく、ともに学び合うことに尽力する。これが教育の原点である。

本来、人は誰もがケアされることを願い、他者と寄り添うことを好み、一人では生きられない。次ページの写真のように、授業中に仲間で支え合って学んでいる。人はより添うことで双方向の言葉が生まれ、一人でするときよりも多くのことを学ぶようになる。他者と協同するなかで、教師と子ども、子どもと子どもとの人間関係をよくする。それが、精神的な安定をもたらす。それに引き続いて知識の獲得や学力向上につながる。

●授業から逃走する子どもに心を砕く

中学校生活半ばともなると進路が目先にちらついてくる。「どこに進学するか？」「評価は？」が一人歩きを始める。学校で学ぶことが今を「生きる」ものではなく、近未来に向けての勉強に位置づけられてしまう。そうなると進学を諦めた子どもは、この時点で今を生きなくなる。

学ぶ価値を見失った子どもを変えることは容易ではない。子どもが、どうい

う立場にあろうと「仲間と学ぶことは楽しい」と言える授業を準備したい。これに対し「そんなものは理想だ」と言われるかもしれないが、教師ならそれに賭けてみることだ。

高位層を活かす

低学力層の底上げと同様、高位層の子どもの「つまらなさ」を感じて欲しい。多くの教師は教科書を教えている。昔、教科書で教えるのだと先輩教師によく注意された。子どもは背伸びとジャンプと呼ばれる課題に挑戦するときの方がいきいきとする。学ぶ内容レベルを通常の授業レベルよりもやや高く設定し、高位層を活かす。そうでなければ、高位層は新しいことを学ばないことになる。

②　協同的な学びを組織する

教室の現状は、教師の発問に子どもが答え、正解かどうかを評価され、教師が語ることを子どもは静かに聞くことを強いられる。こうした授業は、子ども一人ひとりが孤立し、子どもが能動的に仲間やテキストとかかわり深く学ぶことはなかった。「学びの共同体」では、子どもたちが対等な立場で学び合い、お互いを尊重し合い、お互いにケアし合う、民主主義を基盤とした協同的な学びを組織する。具体的には授業のなかに「作業的活動」「グループによる活動」「表現と共有」の三つの活動を組み込み、知識・技能だけでなく多様な人々が協同する生き方を学ぶこととする。

③ 教師が学びの専門家として成長する活動システムの構築

教師と子どもとで創る授業は、教師一人でも実践できる。しかし同僚教師とともに学ぶことによって自分一人では気付かなかったことを知ることができる。いい授業を創ろうと思えば、自分の授業を他者に公開し批評をくぐり抜けることである。明治時代から先輩教師たちは「校内研修」と呼ばれる教師たち同士の学び合う文化を築き上げてきた。ところが、中学校では、多忙を理由に、その教師文化が機能していない。

教師は、どんなに多忙であっても、実践事例をもとに省察する授業研究を疎かにしてはならない。

教師全員が年一回以上は授業公開し、最低でも月一回は校内研修

教師が授業公開する意義は三つある。一つは、自分の授業を他者に開き批評を受ける。二つは、医者や弁護士が臨床事例や判決事例から学ぶように、教師も実践事例から指導技術等を学び合う。三つは、教師同士の指導力量を向上させるシステムを組織し、機能させる。この地味な活動を積み重ねることで教師の指導力量は向上する。

授業公開の四つのタイプ

公開のタイプ	開催時期	参観者	授業協議会
ア　個人研修	適宜	空きの教師	非行式な形でコメント
イ　教科研修	適宜	教科教師・空きの教師	非公式な形でコメント
ウ　学年研修	毎月	学年教師・空きの教師	学年教師・ビデオ研修
エ　全体研修	適宜（年四回程度）	全教師	全教師参加

ア　個人研修は、若手教師や他者から批評を受けたい教師たちが、自己申告をして率先して授業公開する場合である。授業後のリフレクションの時間

は設定せず、インフォーマルな形で学び合う。

イ　教科研修は、基本的に教科教師が中心となる。授業後のリフレクションも、インフォーマルな形式で放課後や空き時間を利用する。そこでの議論は教科の本質や教材論になることもある。

ウ　学年研修は、学年主任のリーダーシップにより学年が抱える特有の課題を含めて事例検討する。参観者は空き時間の教師で他学年の教師も参加できる。授業協議会は学年所属の教師たちで行うが、基本的にビデオ研修とする。授業参観による自習時間を増やさないためである。

エ　全体研修は、基本的には全教師が参加する。提案授業を通して「学びづくり」の理論を学んだり、研修の方向性を確認したりする。二通りの方法で研修する。一つは学校外部から講師等を招いたときは授業公開する学級以外は自習にして全教職員で観察する。これは年四回程度である。もう一つは、公開授業をビデオ録画しておき、ビデオ録画を視聴しながらの研修とする。

●授業デザインの簡略化と教材研究

「学びの共同体」では、授業公開にあたって「授業デザイン」という略式指導案を採用している。形式は各学校で決定する（例…九四ページ）。この形式を批判する方も多い。

今までの授業公開では、指導細案の「手続き的な事柄」「指導細案の作成の仕方」の訓練が中心で教師に負担を強いる。略案を用いる理由は、授業公開以前での教師負担を軽減するためである。教師が授業公開することは、指導細案作成といった手続き的な面よりも教科的専門知識を高める教材研究の時間確保と授業での指導技術を磨くことである。

どんなに指導細案が上手に書かれても子どもの発達と成長とは別物である。すぐれた教師は、子どもの状態や感情に即して、咄嗟の判断で指導プランを修正できる。修正することは何も悪くない。だからプランとデザインは異なると言われる。

ただし、略案の授業デザインは、教師が単に楽をするために考案したのではない。蛇足ではあるが、雑な授業デザインで行う授業は、やはり雑である。

授業デザインは簡略化されても教材研究を疎かにしてはならない。授業デザインを作成するために、同僚教師に相談するだけでなく、時には研究者や県総合教育センターの指導主事等に教科的なアドバイスをお願いする。たとえば**秋田県潟上市立天王中学校**では同地区にある秋田県総合教育センターと連携し校内研究へのサポートを受けている。

また、**千葉県八千代市立阿蘇中学校**では、千葉県総合教育センターの指導主事等と連携し教材開発を試みていた。授業前の教材研究の質を高めるためには、教科アドバイザーの協力も教材研究の視野に入れておくことである。

●教科の壁を越えた授業協議会

詳しいことは第三章を参考にしていただくとして、授業公開は、授業協議会とセットにする。授業協議会で学び合うことなしに教師の力量アップは期待できない。

ところで、中学校での授業公開は、教科単位の研修が中心で教科の壁を越えての事例検討会は少ない。しかし「学びの共同体」では教科の壁を越えて授業参観する。一つの理由は、子どもの学びの事実の観察、たとえば知的活動、感情や情緒、他者とのコミュニケーションに関することは教科を横断したことである。もう一つは、技能教科教師は校内で一人しかいないことがよくある。特に小規模中学校である。すべての教師の授業公開を前提にすれば、教科の壁を越えて学び合う組織づくりが必要となる。

今までの授業協議会は、教科的な教え方に特化した観察と批評が中心だった。それだけに教科の壁を越えるには、教師が子どもの学ぶ事実に潜んでいる子どもにとっての意味を考えることから始めたい。授業協議会では、それを中心に子どもの知覚や行為について考えてみる。

(3) 生徒指導

朝から晩まで「服装がだらしない」「もっと早く教室に来い」「教科書を開け」などと指導され続けたら、人は気分がいいはずがない。子どもは、そうした命令、指示や厳罰化という言葉の中で「どうせ俺は必要とされていない」と決めつけ、失望と落胆から自己否定感や自己無意味感をもつようになる。

生徒指導上、子どものよくない行為は叱るべきである。ただし、「叱る」ことと「頭ごなしに怒鳴る」こととは違う。人は自分が他者からケアされていると感じたときだけ相手に心を開く。問題は叱り方である。指導が甘いと言われようが、子どもの「言い訳」を聴き、子どものストレスを減らしながら、納得のいく説諭をする。生徒指導担当者は「そんな甘い指導では生徒になめられる」と言う。「なめられる」の言葉の裏に「子どもは頭から押さえなければだめだ」という指導観が見え隠れする。単に「大人の言うことに従っていればいい」との思考が、生徒指導の現状を変えられなくしている。

ところで、ステレオタイプ教師は、「頭ごなしに怒鳴るな」を「すべてのことを叱ってはいけない」と勘違いする。子どもの命や安全に関わることなどでは大きな声で怒ることも叱ることも必要である。

①　仲間の学びを妨害する者への対応

教室から飛び出す子どもも大事だが、残る子どもの学びも保障しなければならない。改革当初、教職員が共有したいことは、「教室から勝手に出ていく子どもを追わない」である。授業者が追わない代わりに、廊下で空き時間の教師が待機し対応する。教室から飛び出した子どもは、しばらく別室で一人にする。その上で、空き時間の教師は子どもの言い分を聴き、学びでわからないときは他者に依存することを教え、教室へ戻す。

それよりも大事なことは、教室から飛び出さないために何をすべきかである。たとえば机に突っ伏し寝ているふりをする子どもがいる。教師が早く気付き、「一分ルール」で対応していれば異なる結果が生まれたかもしれない。「一分ルール」とは、からだを崩した子どもに対して一分以内に声をかけることである。声かけは叱ることが目的ではなく、学習参加を促すことである。しかも長々とかかわらない。子どもの精神的な内面をいじりすぎないことである。

② 生徒指導の基準を子どもたちや保護者に事前説明

私は中学校長時代、子どもたちには「中学生は大人である。だから一般社会で許されない行為は中学生であっても許されない。たとえば仲間の学びを妨害したり、他者に暴力をふるったり、盗みをしたりするなど反倫理的な行為は処罰の対象とする」と伝えた。

具体的な対応は、学校全体で統一見解をつくり、子どもや保護者に公表する。統一した考えを示したのは、生徒指導が教師間や学年間で不一致にならないためである。揺らぎは、子どもや親から信頼を得られない。

③ 授業内外での対話とケア

粋がる子どもの多くは、自分の行為がよくないとわかっていても、外部からの圧力では生活を変えない。彼／彼女らは教職員に従うことは敗北、屈辱だと思いこんでいる。加えて「素直になること」が仲間にどう思われるか、それが気がかりなのだ。だから権力と価値観の押しつけの指導だけでは、ねじ曲がった心を真っ直ぐにはできない。「いけないことはいけない」と説諭する。けれども、どう子どものこころを開くかが難しい。こころが開くのは理論でも理屈でもない。ただ単に傍らにいることだけでいい場合もある。

問題行動を抱える子どもの対応は「指示・禁止・命令」よりも、子どもの生活世界を知ることである。スクールカウンセラーが配置された学校では相談業務だけでなく校内巡回をしてもらい、精神的に安定しない子どもの発掘と積極的な関与をお願いする。また、学級担任による定期的な教育相談ができるように年間計画に「教育相談日」を位置づける。

●不登校生徒への対応

彼／彼女らは、遅れて登校する自分の姿を仲間に見られたくない気持ちがある。そこで、生徒用昇降口から一番近い部屋を彼／彼女らの教室にしたい。

校内に安心して居られる生活空間があることは大事である。しかし、その空間にコミュニケーションを図る相手（大人や仲間）がいない。不登校の子どもはコミュニケーションが苦手で人や自分とのあいだで苦しんでいる。できれば不登校生徒とかかわりのある教師たち、外部ボランティア、スクールカウンセラーなどの配置を考慮したい。

2 ヴィジョン・哲学を改革の当事者で共有

ピーター・F・ドラッカーの著『組織経営』を読んで「学校の顧客（当事者）とは誰か」を改めて考えた。学校経営の当事者は教職員だけではない。学校改革の当事者は、地域住民、保護者、子どもも含まれる。それぞれがそれぞれの立場で改革の当事者としての責任を果たす。では、どう責任を果たすか。それには当事者が共通な場で「おらが学校のいま、ここ」を議論し合う必要がある。これが機能するとき、学校は当事者から信頼されるようになる。

当事者（顧客）が満足する学校づくりこそ、私たち

が目指す方向である。当事者が誇れる学校とは、どんな学校だろうか。それをそれぞれの立場で考える。

教師は「学校とは何をすべきか」「きちんと授業をするとは」。子どもたちは「安心して生活ができる学校とは」「生徒会活動でできること」「きちんと授業を受ける」。保護者や地域住民は「『ＰＴＡ活動』『学校連絡協議会』を通じて誇れる学校を創る」等々。

（１）生徒会の自治活動を高める

教師の下請け機関としての生徒会ではなく、仲間づくりや学校づくりに生徒会の力を活用する。生徒も改革の当事者として、安心して暮らせる学校とするために、生徒会として何ができるかを議論し合う。生徒会役員を中心に彼ら自身が解決したいテーマをもち、議論し対応策を考え実施する。この繰り返しが子どもの自治能力を育て、学校を変える原動力となる。

千葉県八千代市立阿蘇中学校では、荒れる学校を変えるのに、生徒会の自治活動として「黙動気づき清掃」という無言清掃を生徒会中心で実施している。「黙動」の説明には「自分が行う清掃の範囲の広さ深さが自己の人格（豊かな心）に比例する」と書かれている。清掃時間は十分間で、教師も一緒に清掃する取り組みを積み重ねている。静岡県の中学校では、生徒会の活動として清掃活動を縦割り清掃と名付け、上級生自らが手本を示す活動をしている。

清掃のことばかりを書いた。たかが清掃されど清掃である。荒れる学校ほどゴミが目立ち、掲示物へのいたずらや破損が多い。環境が人に提供する価値を軽んじてはいけない。子どもは、情報を環境に探索し、利用している。

茨城県龍ヶ崎市立城南中学校では、生徒の荒れに対して、生徒会が取り組んだ内容を、平成二十一年度生徒会長が生徒会だよりで「マナーアップ」として伝えている。「ちょうど一年前、この場で前生徒会長が城南革命というものを掲げ、そこから『パーフェクト・モーニング』などといった活動を通し、挨拶運動、朝清掃の徹底や、ノーヘルの撲滅、生徒会だよりの復活などさまざまな活動を行ってきました。ノーヘルは今ではほとんどゼロに近くなりました。毎朝生徒会だけが行っていた挨拶運動や朝清掃も、今では各委員会やボランティアの皆さんの活動も加わり、活気に溢れています。城南中は、この一年間で大きく変化しました」と自分たちの活動に誇りと自信を言葉にしている。

福岡県八女市立星野中学校は山間の小規模校である。学びの共同体に取り組み、すでに五年が経過している。学校を訪れる人たちは、まず生徒のさわやかな挨拶に迎えられる。授業を見ると小グループ活動など子ども同士が男女の壁を越えてコミュニケーションを図り、学び合いを定着化させている。この原動力の一つに、生徒会の自治活動がある。授業を変えるには、教師たちの努力だけではない。生徒による生徒のための授業を自分たちの手で創り出すことが素晴らしい。また、毎年先輩から新入生へ「学び合い」のキーワードを自

分たちの言葉で伝える活動をしている（前ページの写真）。

（２）地域住民や外部の人に開かれた学校

宮英司さんは、**高知県いの町立伊野南中学校長**（現、田村誠校長）時代、学生チューターによる補充学習を提案し、定期テスト前の一週間は生徒会が中心となった七時間目相当の復習タイム、三年生は部活動を引退した二学期から教員ＯＢによる補習教室などで外部の力を借用していた。

コミュニティスクールの**岡山市立岡輝中学校**では、森谷正孝前校長や片山安基夫現校長によって授業改革を中核にした学校経営がなされている。特に授業改革を学校外部の方々が実体験する試みがユニークである（下の写真）。保護者や地域住民の

学校改革に向けた組織マネジメント

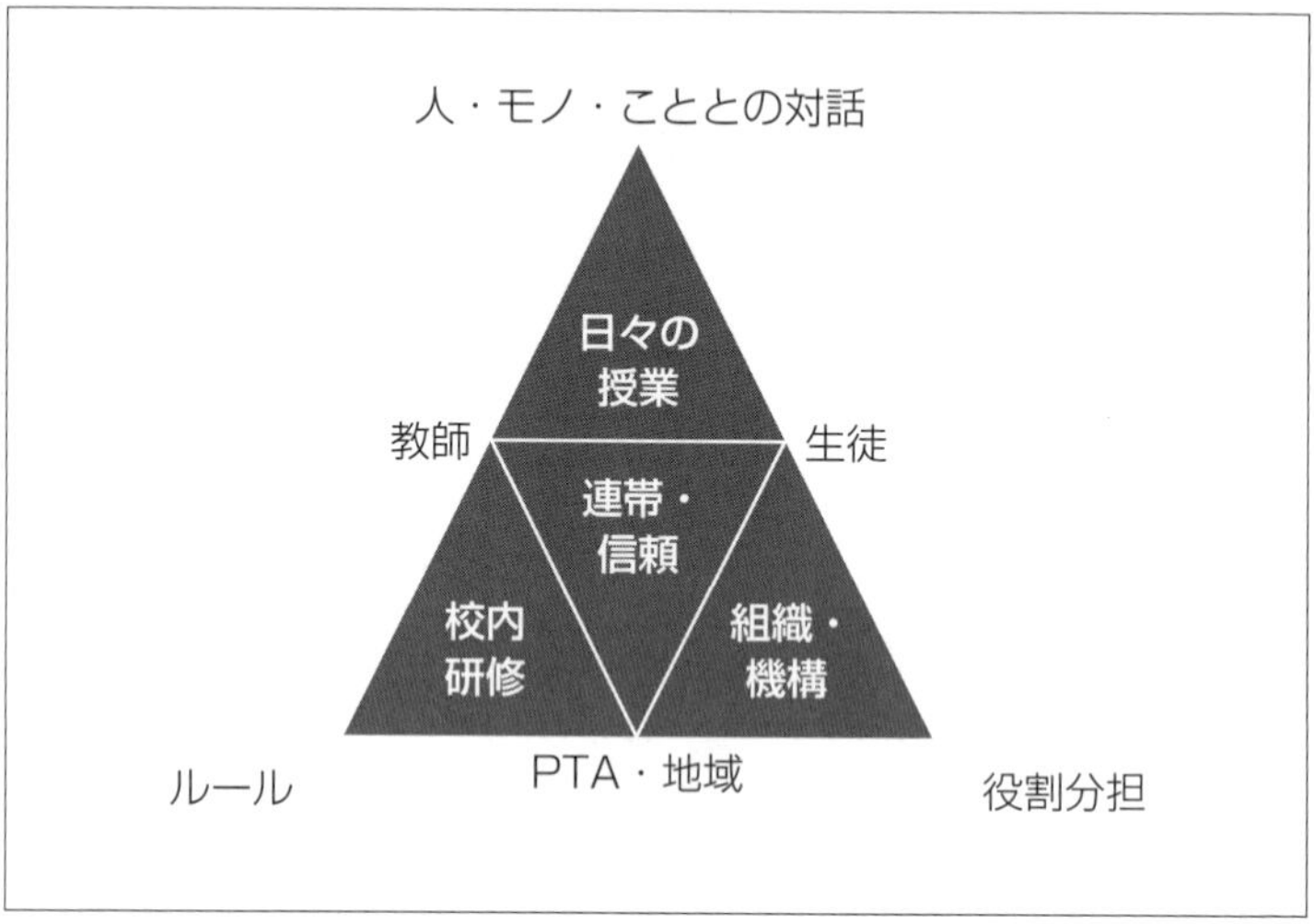

授業参加は今では珍しいことではないが、この中学校では、岡輝地区青少年育成協議会地域連携部の主催で、地域の方・保護者・子どもが共に協同学習の授業を体験する。このことを通して小・中学校で取り組んでいる「学び」への理解を深め、学校への信頼の獲得や連携を強化している。

（３）授業改革は学校全体の改革

授業改革を中核にした場合、教師たちが学び合う場の確保が必要である。教師の多忙を考えたとき、仕事を一つ増やせば何か一つ仕事を削減しないと多忙化の再生産になりかねない。

組織マネジメントは、身体の一部を手術する時と似ている。つまり、その部位の手術は、その部位とつながる器官すべてに何らかの影響を与える。それと同様、単に校内研修の時間を確保すると、教師の仕事負担増となってしまう。そこで、組織・機構の役割分担の編み直しを進めたい。はやりの事業仕分けではないが、今ある組織・機構にも必ず無駄はある。

たとえば、諸会議の削減である。一人一役とすれば、会議を開く必要はない。ただし、組織のなかでも生徒指導担当、研修推進担当、生徒会担当などは、指導の継続性を考慮し複数教師を配置する。

次に前ページの図中央の三角形の連帯・信頼である。「学びの共同体」は、四者の存在が価値あるものとして扱われ、それぞれがそれぞれの立場で発言し議論し学び合える学校である。しかし教師は学校外部の声に耳を貸さず、外部は学校を非難しても協力はしない現実がある。そうした状況を脱却するために様々な立場の人が連帯すべきである。私自身、校長時代に地域住民や企業の方々と親交を深め、忌憚のない意見をいただいた。地域の方であれ、子どもであれ、異なる意見を尊重する。これこそ民主主義である。

次に左隅の三角形である。これは校内にシステム化を伴う授業研究体制を確立する。教師が年一回は授業を公開し、その授業を基に「授業から何が学べたか」を互いに省察する授業協議会を開催する。中学校においては学年研修にすれば一日で三人の教師の授業について省察できる。教師の教科専門性や指導技術は、臨床事例としての授業公開と授業協議会を通して磨かれる。それだけでなく、教師間の同僚性を高くもする。

教師同士で学び合うことが軸である。けれども、校内だけでは隘路に入り込むこともある。そこで、外部からアドバイザーを招聘することで硬直化を防ぐとともに外部の知力を借用する。いずれにしても、やらされる研修ではなく、やってよかったと思う研修を実施する。

詳しいことは、佐藤学・佐藤雅彰共編著『公立中学校の挑戦』（ぎょうせい）を参照していただきたい。

第2章

対話的実践を中心とした学びの創造

1

学びの質

学びの質の三要素

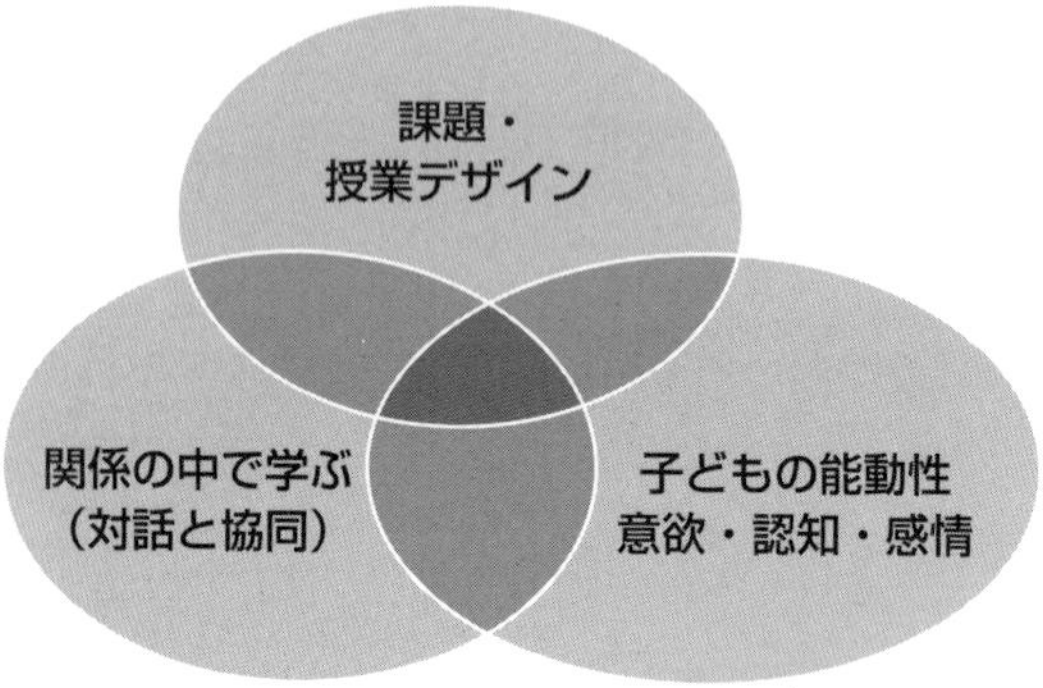

学びの質を決めるのは、「課題・授業デザイン」「関係の中で学ぶ（対話と協同）」「子どもの能動性　意欲・認知・感情」である。

一つ目の「課題・授業デザイン」は、魅力のある課題（教材）、学ぶ価値のある課題や高いレベルの課題が子どもの学ぶ意欲と深い関係がある。たとえば穴埋め式のプリントを準備する。一般的に「教科書から答えを探し」全体学習で答え合わせをする。またプリントの指示事項通りに答えを出させる。プリント学習を否定するものではない。けれども、教科書の記述を転記するだけの学びでは質の高い学びとは言えない。学びのプロセスの中で生まれた疑問や学んだことをさらに深めたり拡大したりする課題が必要である。それだけに教師は教材に精通し、子どもの学びに即した物語性のある授業デザインを作成したい。

二つ目の「関係の中で学ぶ」は「対話」がキーワードである。対話は他者とのコミュニケーションだけではない。子どもが一人で課題や教材と向き合い自分なりの考えをもつ対話もある。また課題に対する自分の考えを子ども同士で相互交流したり、共通問題を協力して探究したりする「協同」によって、お互いを価値あるものとして認め合い、異質な考えをすり合わせる活動を組織する。そうしたねらいもなく「はい、グループになって」とか「グループで教科書を読んでください」では、協同的な学びは生起しない。他者との学び合いの質が認知的発達の変数になる。

三つ目の「子どもの能動性」は、子どもが本時で何を学んだのか、学びの過程での学ぶ意欲はどうだったのか、どんなところでつまずいていたか等。これらは課題や授業デザインや協同的な学びと無関係ではない。子どもが、学びの過程で課題とどれだけ意欲的に対話し、他者との学び合いから自分なりの意味を再構成したか。また、子どもがどのようなわかり方をしているのかを知るために、子どもが表現する中身を問い直す必要がある。

(1)「学び」は、今までの「勉強」とどこが違うのか

「学び」は、一人ひとりの子どもが、教材(課題)と出会い「対話」し、曖昧であっても、まず自分なりの意味世界を構成する(対象との対話)。次にその考えを足場に、他者と言葉やモノを媒介した「対話」を通して、対人関係を築いたり修復したり、共同で探究したりする「協同」(他者との対話)を通して、各自が確かな意味世界を再構成する(自己内対話)。基本的には、問題解決的な学習である。

それに対し、「勉強」は、教科書だけで進められ、教師が問い子どもが答え(縦糸と呼ぶ)、子どもは静かに聞くことが中心だった。教師と子どものモノローグ的対話と誰の手助けも借りずに独力で達成することがよいとされ、相互依存の

関係はほとんどない。

学びは、教師と子どもが共に共同して丈夫な織物を織るようなものである。織物は、縦糸だけで織られるものではなく、横糸が入ることで丈夫な織物となる。横糸は、子どもたちが多様な素材や道具を媒介して行うペアやグループなどの対話的活動をいう。この活動を組織することで、全体学習ではなかなか意見が言えない子どもが授業に参加でき、よりよい対人関係をつくり、互恵的な学びが成立する。

ところで、学びの創造の始まりにあたっては、

対話と協同

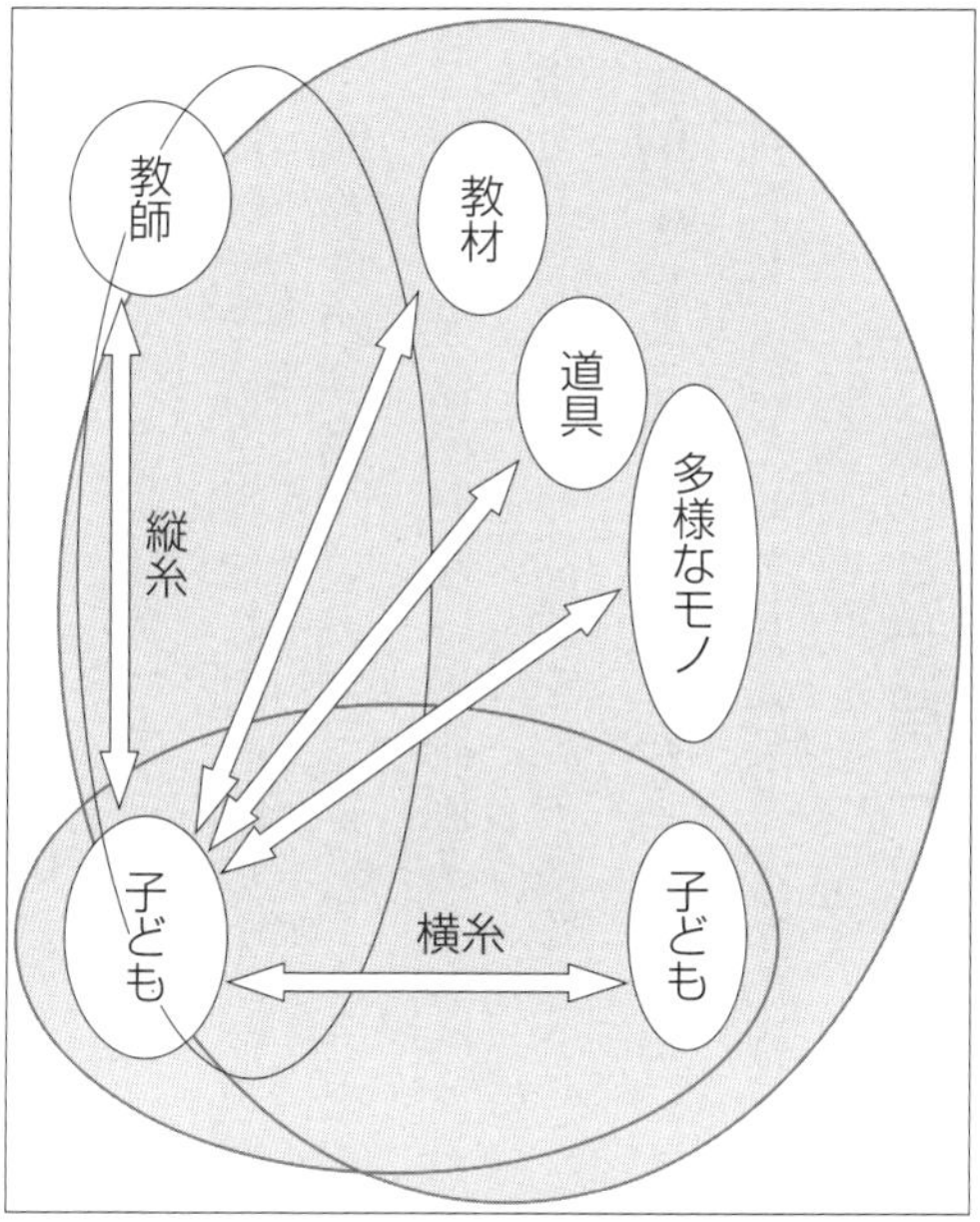

矢印が「対話」、グレーの部分が「協同」

各自がもっていた指導スタイルをいきなり「すべてリセットしなさい」ではない。まず今までの活動で欠けていた三つの活動を組み込むことから始める。

① 素材やモノを媒介した「問題解決的思考」という活動を組み込む。

② 他者との「協同」（ペアやグループなど）を組み込む。

③ 一人の発言をお互いに価値あるものとして教室のみんなで認め合う「表現と共有」という活動を組み込む。

理論的なことが理解できてからなどと言い訳をせず、騙されたつもりで実践する。挑戦してはじめて見えてくるものがある。

（2）なぜ、「対話」と「協同」が必要なのか

最近の子どもを観察して思うことがある。「すぐに学びを諦める」「人の話が聞けない」「他者とのコミュニケーションが苦手」「他人に気が向かない」「真似を嫌う」「すぐに切れる」「無表情な顔が多い（特に女子）」「自尊感情が低い」等、自分の世界に閉じこもり、没個人である。また、教師主導の「勉強」では、一

人残らず子どもが学習に参加することは難しい。こうした状況を変えるために「対話」と「協同」が必要なのである。

対話の中の学びは、ロシアの心理学者であるヴィゴツキーの「発達の最近接領域」を活用した。発達の最近接領域とは「子どもがある課題を独力で解決できる知能の発達水準と、大人の指導の下や自分より能力のある仲間との共同でならば解決できる知的水準の発達水準のへだたりをいう」（中村和夫著『ヴィゴツキー心理学』）。また「人間の発達と成長は、最初は社会的水準であり、後に心理的水準として子どもの内部に現れる」。まずは共感し合える社会的関係をつくり、その延長上で知的な発達と成長の可能性があるという。この理論を具現化する一つの手段が協同的な学びである。

今までの勉強では、「わからない子」や「納得できていない子」などにかかわる工夫が少なかった。もちろん教師は個別指導で対処している。けれども教師一人ですべての子どもの個別指導は限界がある。そこでグループ活動を組み込む。ただし、グループの構成員が協力して解釈をひとつにまとめるとか、意見を統一する活動ではない。また単に小さなグループにしたから協同的な学びを組織したとも言えない。協同的な学びには、次の二つの意義がある。

一つは「わからない子」や「納得できていない子」の底上げの手段である。たとえば、ある問題を個人作業で解かせる。教室には三つの層が生まれる。理解ができるA層、何となく理解はできるが他者にうまく説明ができないB層、ほとんど理解ができないC層である。C層の子どもは全体学習だけでは、わからない状態で終わる。グループ活動の一つは、理解の遅い子どもたちが自分より能力のある仲間に依存することで自立することを学ぶ学びである。グループ活動で大事なことは、問題が解けない子どもが仲間に「教えて」と尋ねることである。依存によって生まれるコミュニケーションを通して、わかる経験をする。わかる経験は、知

学びの作法

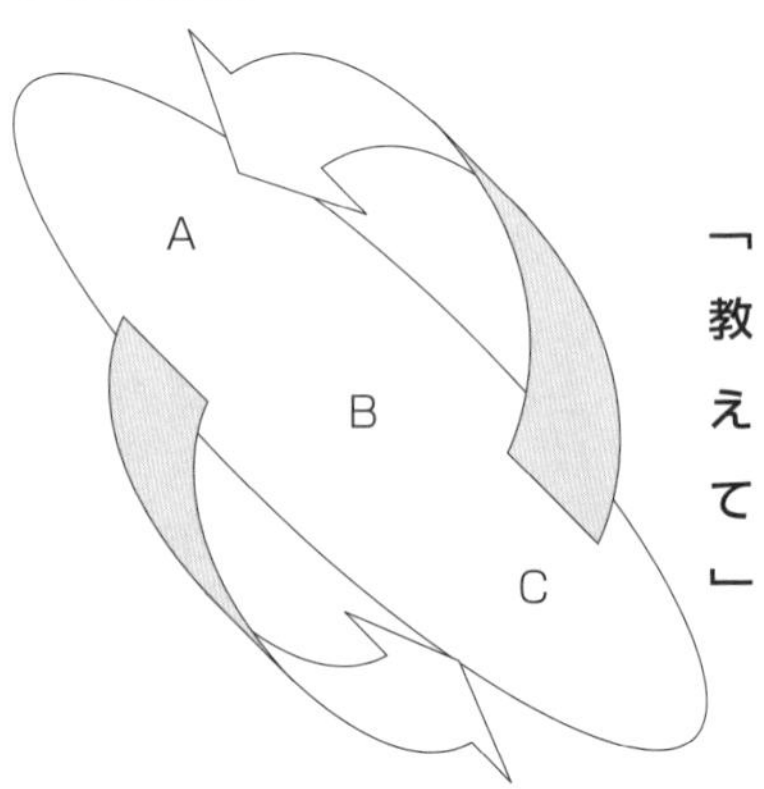

識の「共有」であり、子ども同士に感情的・情緒的な結びつきや共感し合える関係が生起する。だから子どもたちの生活が落ち着いてくる。

もう一つのグループ活動は、教材や課題に対する異質な意見や解釈を交流する相互思考である。この活動では、お互いのアイディアを惜しみなく提供し合い、議論し合う学び合いである。この学び合いが、本来目指したい「協同」である。

このグループ学習は、他者とかかわることだけを重視したコミュニケーション力の育成を目指していたのではない。自分とは異なる価値観や多様な考え方に出会い、刺激されたり、考えが拡大したり、深化したりする学び合いである。こうした身近な人との積極的なコミュニケーションによって、他者とのあいだが縮まり、情緒的な糸で紡がれ、自己肯定感や自尊感情を高める。しかも、相互依存や対話は、

教師が丁寧に解説するよりも知識や技能を覚える割合が高くなる。そういう研究者の指摘がある。

ただ、グループ活動がうまくいくには、子ども同士の「あいだ」に間違いを認め、依存したときに丁寧にケアしてくれる人間関係が必要である。そうした関係性は、日常の授業で教師が多弁を慎み、子どもが「わからない」を言えるような仲間づくりをする。どのようにつくるか、それを考えるのがプロ教師である。ただし、簡単には子どもは「わからない」と言わない。

まず、子どもたちが、困ったときに「写させて」から始め、「わからない。教えて」が言えたりする「学びの作法」やお互いに自分の考えを説明し合ったり、質問したりする子どもに育てる。学びの作法やグループでの協同を中学一年生の四月から七月までに徹底して指導し、慣れさせたい。

① 学びの作法

グループ活動であっても、まず自分の力だけで考えることを優先する。しかし、全く手がつかず考えが進められない子どもがいる。その場合、教師が問題解決した子どもに「隣の○○さんに教えてやって」と依頼するのは禁句である。学びの作法の第一は、一人では解けない子どもが自ら他者に尋ねることから始まる。

○ルール１　わからなくなったら仲間に「教えて」と恥ずかしがらずに訊く。
○ルール２　訊かれた子どもは、自分のアイディアを惜しみなく伝え、相手が納得するまで説明を繰り返す。
○ルール３　できる子どもから「教えてやる」と言ってはいけない。

ところが、できない子どもほど一人で解決したがる。できないことを他人に知られたくない、恥ずかしいと思う気持ちがそうさせる。したがって、教師の役割は孤立した子に対して「隣の人に訊いてごらん」とその子どもが仲間に訊くまでを見届ける。他者に依存できる子どもは自立できる。

② 話し合いの基礎

子どもがわからないことを「わからない」と、他者に依存できる関係づくりが必要である。それは、グループ活動のなかで繰り返し訓練できる。もう一つ、全体学習におけるコミュニケーションの基礎を学ぶ必要がある。特に対話の質を高めるため、次のことを習慣化させたい。

ア　人の話を互いに聴き合う（聴き合う関係をつくる）。
イ　他者の意見や考えに敬意を払う。
ウ　自分の考えの根拠や理由をもつ。
エ　根拠や理由をベースに自分の言葉で表現する。
オ　他者の意見に対して反応する。たとえば、疑問があれば質問する。わからなければ「わからない」と。よく子どもが口にする「そうか」とか「なるほど」とか「エ〜」などの響き合う言葉が大事である。時には「うなずく」だけでもいい。

③「ハイハイ元気のよい授業」よりも「お通夜のような授業」がいい

正解が一つの場合、自分に指名してほしくて声高かに「ハイハイ」となる。だから自分が指名されず、仲間が正解を発言すると「言われてしまった」と悔しがる。正解が一つしかないから仲間より早く答えたい。そこで「ハイハイ元気」になる。教師によっては発表すると発表シールを与え、学期末の評定に利用する。「学び」は評定のために勉強することではない。「学び」は、多様な解釈や多様な解法を交流することである。深く考えれば考えるほど「ハイハイ」はなくなり、沈黙か静けさが訪れる。深い沈黙、深い思考、静かな発言と対話が「学び」を深化させる。それを「お通夜のような授業」と表現している。

廊下を歩いていると、かなり先の教室から教師の声が聞こえる。「元気のいい先生だ」というが、教師のテンションが高いほど、ハイハイと騒々しい授業になるか、身体を硬くして座る子どもが多い。

（3）全体学習における「対話」と「協同」

①「コの字型」座席

コの字型の座席配置は対話的な活動に都合がよい。この配置は、子どもが互いに聴き合うためである。学校の一斉講義型の座席配置は、教師と子どもの声の方向性を縦の関係にしてしまう。つまり子どもの発言は、小学校低学年から、教師（あなた）に向けられ、教室のあなたたちに語られていない。

コの字型にしても、子どもの声の方向性が教師に向かっている限り、コの字型にした意味がない。コの字型は「発表している人の顔が見えるから」というよさもある。お互いの発言をきちんと受けとめ合うことは対話的実践において重要な要素である。コミュニティとしての教室は対話が核であり、異質な他者と共生することが求められる。その第一歩が、聴き合う関係をつくることである。この変革には、教師が一斉講義型による板書と説明という指導観を教師と子どもとの対話的実践（仲間で考え合う）に切り替える。左の写真では、子どもたちが、仲間を一人の人間として尊重し合う関係が見て取れる。それが教室全体を柔らかな雰囲気にする。

②　教師の仕事は「聴く・つなぐ・戻す・ケアする」

聴き合う関係を築くことは、教えるという物差ししか持たない教師にとっては戸惑いも多い。何よりも先に教師が三つの視点で聴くことである。

●「聴く」

一つは、子どものつぶやきや発言が、何を根拠に表現したものかを聴く。根拠がなければ「どこで、そう思ったの」と尋ねる。理由がなければ「どうして、そう考えたの」と尋ねる。ただし、子どものつぶやきをすべて拾ったり、根拠を尋ねたりしていたら授業は平板になる。特に教師は男子のつぶやきにすぐに反応してしまう。こう

いう聴き方をするとますます子どもは思いつき発言が多くなる。どのつぶやきを拾うかは難しい。まずは、すぐに取り上げず「待つ」ことである。なぜなら、他者の発言と自分の考えをすり合わせるのには、時間という「間」が必要だからである。

二つは、子どもの発言が、テキストや資料のどことつながって発せられたのか、他の子どものどの発言とつながって発せられているのかを聴くことである。また子どもの発言には曖昧な表現も多い。たとえば、子どもが「この絵は迫力がある」と言い、教師は「いいね」と言いながら「迫力」と板書する。これでは学びを切ってしまう。それよりも「絵のどこから『迫力』があると思ったのか」と迫力を感じた根拠となる部分を明確にする。曖昧な言葉を別の言葉で表現することで学びが豊かになる。

三つは、その子自身のそれ以前の考えや発言とどうつながって発せられているのか、たとえば「以前は違った考えだったが、みんなの発言を聴いて変わった」という場合である。この三つの見えない関係を認識することが必要である。

●「つなぐ」

子どもの発言をモノローグにしないために人やモノやこととつなげる。たとえば、ある子どもの発言を他の子どもに「どう」とつなげ、意見を求める。あるいは「それはどこでそう思った？」とか「どうしてそう考えたの？」と根拠や理由を尋ね、さらに他者につなぎ、学びを深める。これを表現の共有（一往復半＋α）と呼ぶ。

●「戻す」

国語科・社会科の場合、言葉の味わいや思考が深まっていないと感じたとき、教科書や資料集などへ「戻し」、音読させて思考を振り返るようにする。また、子どもがつまずいているとき、既有の知識や基礎的事柄に戻して考える。

●「ケアする」

耳に聞こえる声だけをつなぐものではない。話し言葉ではないが、子どものからだから発せられる子どもの内面を読み取り、適切に人やモノやことにつなぐこともある。子どもの目、仕草、顔の表情や身体の動きなどから子どもの困

り感やつまらなさ等を感じたら子どもの傍らでケアする。子どもをケアすると
は、子どもへの配慮である。

(4) 授業の基本技法

●基本的な授業構造

授業デザインとか授業構造は学習過程のパターン化ではない。授業デザイン作成で、二つのことに留意したい。

一つは、教材・課題とじっくり対話するために、個人活動、ペアやグループでの「学び合い」、さらに全体学習での「学び合い」をどう組織するかである。その組織にあたり短絡的に導入が「個人活動」、展開が「グループ活動」と「全体学習」、終末が「発表」と「まとめ」などとしてはならない（授業デザイン例は九四ページ参照）。

一つは、授業は二段構成（共有・ジャンプ）ないし三段構成（ホップ・ステップ・ジャンプ）を基本とする。そのねらいは、授業の前半は低学力層の底上げを図り、

後半はより深く学ぶことをねらいに教科書レベルを超えた課題、あるいは発展的な学びを組織する。ただし、この基本が新たな縛りにならないようにしたい。本来、授業デザインづくりは、フレキシブルでありたい。

①　導入の工夫

授業の始まりは誰もが期待の塊である。だからこそオーケストラの演奏開始時の緊張感のように教師と子どもの息遣いを合わせたい。集中した授業をするためには、できるかぎり早い段階で本時の学習課題に出会わせる。ところが、中学校では、長々とした復習や教師のおしゃべりが続く。子どもが最初に思考する課題に出会う頃は、疲れ果てて集中力を欠く。

優れた教師ほど、無駄がなく選ばれた言葉で、早い段階で子どもに教材や課題などに出会わせる。しかも、じっくりと時間をかける。子どもが教材の言葉と自己内対話するには、教材の言葉を自分の内に取り込み思考するだけの「間」が必要である。

基本的な授業構造

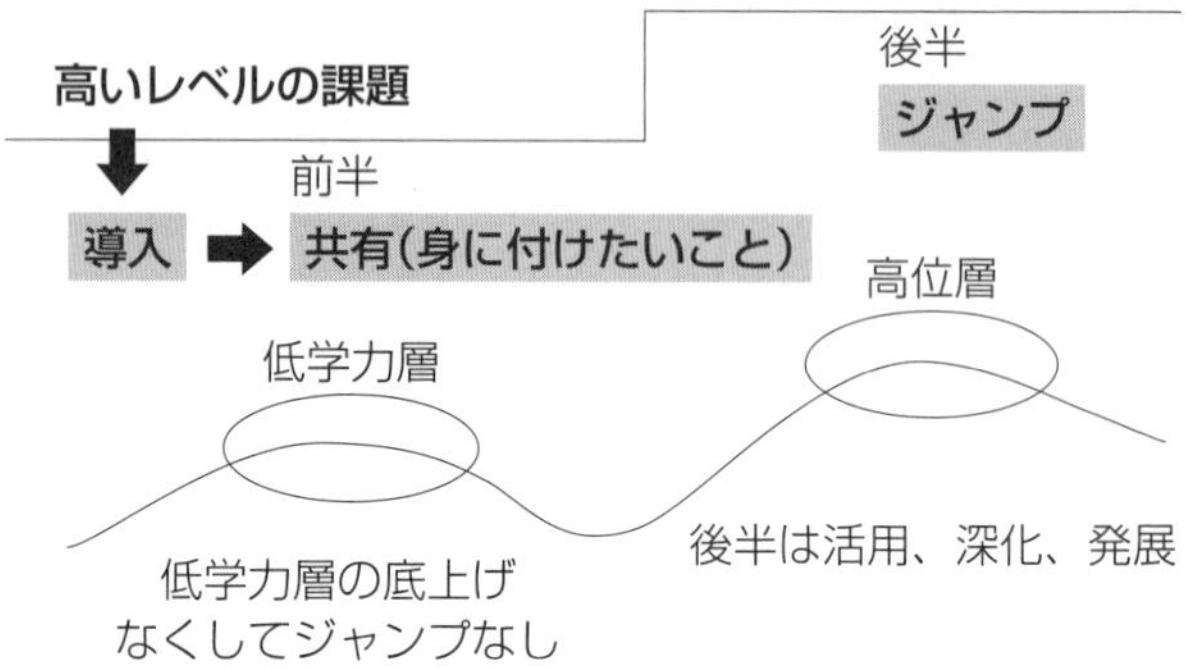

② 展開の前半は「共有」、後半は「ジャンプ」

●授業の前半は、まず低学力層の底上げを目指す

学級には様々な能力の子どもがいる。授業で大事にすることは、本時に身に付けさせたい基礎的な内容を仲間との協同を通して自分なりの理解をすること。そのために、教師は子どもを見捨てず、子どもに学びを諦めさせない。特に低学力層の底上げには、教師が、子どものつまずきや理解の仕方の事実に即して、注意をうまく引きつけるとか、問題を解くヒントを示すとか、子どもの状況を見極めながら「足場づくり」をする。それでも低学力層の子どもは、授業の前半で学びを諦めかねない。ほとんど発話がなく、じっと耐

えるだけでは発達が起きない。低学力層のすべてを支えるには教師一人では無理である。そこで、子ども同士の「対話」と「協同」を入れる。具体的には、個人作業の協同化と呼ばれるグループ活動や考えをすり合わせるグループ活動を組織する。多くの子どもが、協同的な学びで集中と緊張を取り戻す。

授業の後半は、学びの質を高める

低学力層の底上げだけでは、すべての子どもの学びの保障にはならない。授業の前半で低学力層の底上げを図り、さらに学習内容をより深く学ぶこと（背伸びとジャンプ）を組織する。具体的には、前半における学習内容の活用・応用や拡大・深化である。

その際、「ジャンプ課題は何か」とよく尋ねられる。「ジャンプ課題」は学校によって異なる。つまり課題が眼前の子どもにとって高いか低いかは子どもを見とらなければ見えてこない。たとえば、全員の子どもが教師から出された課題を他者に依存せずクリアーしたとしたら、それは子どもにとってレベルが低い課題である。逆にほとんどの子どもが「?・?・?」ならば難しい課題かジャンプ課題である。子どもたちにとって高いレベルの課題は、子どもの現実によって変わる。それだけに、教師たちで「この課題は、この子たちに『低い』のか『高い』のか」を見極めることである。

とは言うもののジャンプ課題で悩む教師は多い。多くの授業を参観するとジャンプ課題として、文学的な意味で言葉をより豊かにする、教科的な本質という面で内容を深める、メンタルモデルを使って結果を考察する、英語では自己表現活動、技能教科や芸術教科では本物に出会い感動したことを表現する等が多い。自分なりに内容を濃くしてほしい。

●振り返り

子どもの知的理解を見るには、子どもが気付いたこと、わかったこと、わからないことなど自分の言葉で表現するようにする。あるいは、自分のわかり方を作品化させる、ノートに短い言葉で書かせるなど、授業での学びを個々に表現するようにする。それが評価とつながる。ただし、毎時間、自己評価表などを記入させる学校があるが、この方法は、書くことに時間がとられ、課題の探求に時間がさけなくなる。実施するなら単元の終わりがよいと思う。

③　基本的な授業構造の具体例

三重県名張市立南中学校の辻村岳教諭の美術科「タイトルを考えてみよう」（鑑賞）の授業を紹介する。絵画には必ず意味のあるタイトルがある。そのタイトルを考える作業を通して、作品を味わうというのがねらいである。導入として、次ページの写真のようなプロ画家の作品が掲示された。子どもが本物に出会う。この経験が大事である。

●授業の前半

まず、子どもは、作品から感じたことを自分なりの言葉（タイトル）で考える。ところが、子どもたちがイメージした言葉は教師の願いとはかなりずれていた。たとえば「卵」「木」「空」など無機質な言葉の羅列である。初めての挑戦であり、作家の想いを読み取ることは難しい。本来、個人作業をした後、グループ学習で自分の考えを交流し合う方法が多い。辻村先生は、子どもの実態からそれをせず、全体学習で作者が付けたタイトルを示し、そこから読み取れることを交流させることにした。

たとえば、子どもは「卵」だったのに作者は「たまごb」、「木」に対しては「絶対の探究」、「空」に対しては「心の琴線」など、思いもよらない言葉に、子どもたちから「おー！」と驚きの声があがった。残念だったことは、この「おー！」といった気持ちを交流する場面がなかったことである。タイトルの不思議さやおもしろさを子どもたちはどう感じたのだろうか。このことは授業協議会でも問題にされた。

辻村先生は、作品の内面を探る授業をしてこなかったことを理由に挙げ、知識のない者は追求できないと判断したとのことであった。しかし、子どもを見くびってはならない。どうしてタイトルをそうしたのか、小グループで学び合うなかで育つ感性もある。

●授業の後半

ジャンプ課題が示された。前半同様、タイトルを考える課題である。辻村先生は、日頃から本物の作品に出会わせることを心がけている。今回の作品は、群馬県出身の鶴岡政男（一九〇七〜一九七九）である。作者の特徴は、人間の根源を極限まで追求した画家だということ。これをキーワードに、子どもたちは、まず個人作業で自分なりのタイトルを考えた。かなりの子どもが困り感を示す。沈黙が教室に漂い始めた。そこでグループ活動となった。本来、グループ学習は、みんなの考えをまとめる活動ではない。しかし、辻村先生は四月早々の授業であることと初めての試みであることを考慮して、今回は、あえてグループ活動によって一つの考えにまとめさせた。

本来、グループ活動は一つの意見にまとめることではないが、学び合いはできていた。子どもたちの想像力は、思った以上に作品を読んでいた。中田

さんは「『地上での人々の争い』。理由は、鶴岡さんが生きたのは戦争時代だから、戦いをイメージして考えた。白い四角が顔で、黒点が目で、両端の茶色が地面で、黒い棒が足で人が戦っている」と。大垣さんは「『テープタワー』。理由は、今まで頭の中に記録してきた思い出のカセットテープの数々をつみかさねてきた様子」であると。樫村さんは「『極限までつみかさなる心の部屋』。理由は、四角でくぎられた部屋みたいなのが、極限までにつみかさなっている」と。どれも素晴らしい。

辻村先生は、子どもたちの表現に感動し、眼が潤んでいた。子どもの感想に素直に感動できる辻村先生もまた素晴らしい。絵画を自分なりに読み取り、自分の言葉で表現する。まさに美術科における言語活動でもある。

2

各教科における「対話」と「協同」

（1）数学科における「共有」と「ジャンプ課題」

①　高いレベルの課題に挑戦

千葉県八千代市立睦中学校の中村三裕教諭の一年数学科の授業では、「正五角形の作図」が共有で、「正二・五角形の作図」がジャンプ課題として出された。子どもは作図が苦手で時間がかかる。この課題のねらいは、作図ができることだけではなく、多角形の内角の和や多角形の外角の和の公式という基礎

共有からジャンプへ

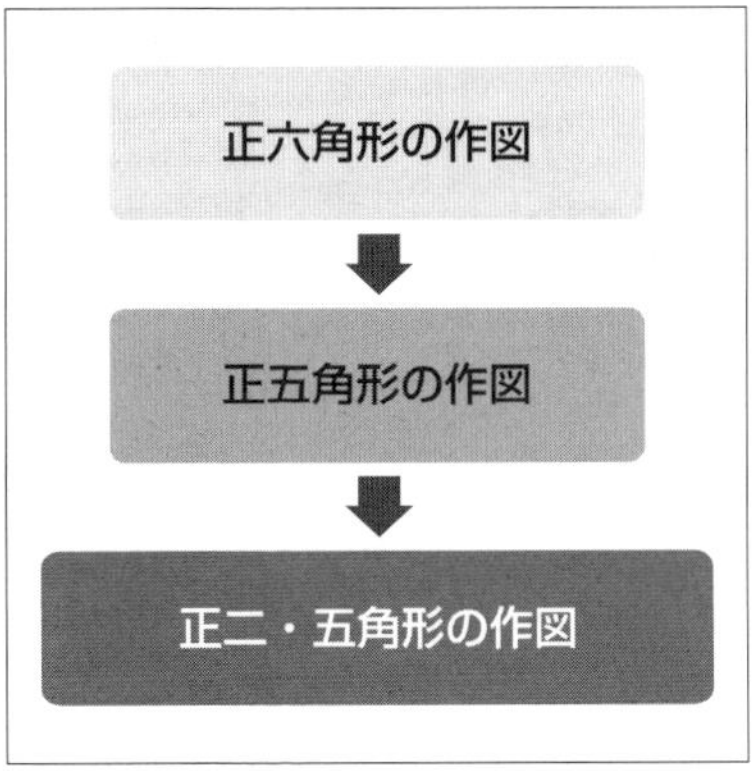

的・基本的な知識を活用できることもねらいとしている。

導入は、正六角形の作図だが、小学校の復習である。解けない子どももいたが、グループ活動によって作図ができ、一つの内角が一二〇度であることを確認する。そこで共有課題「円に内接する正五角形を作図せよ」に進む。正六角形の作図とは異なり、大勢の子どもたちが困り感を示す。そこで中村先生は基礎的・基本的な知識として「多角形の内角の和の公式」「多角形の外角の和の公式」を足場に探究させる。さらに仲間と協同することで正五角形の一つの内角が、一〇八度と気付き、それを円周上に一つひとつ作図することで問題が解決できた。子どもが作図の過程で数学的根拠を示しながら自分の考えを仲間に説明し伝え合う活動は、数学科における言語活動である。

正五角形の作図後、ジャンプ課題「正二・五角形の作図」である。はじめは簡単に見えたが、正二・五角形は凸型の多角形にならないためにやがて困惑する。その解決はグループ活動の協同であり、正二・五角形の一つの内角を利用することだった。中村先生の授業デザインのおもしろさは、今までの「個人活動→全体学習→グループ活動」といった流れを「グループ活動→全体学習→グループ活動→全体学習」と、全体学習をグループ活動の下請けとしたことである。

②　課題のレベルが子どもにとって高すぎた場合

中学校一年「比例の応用」の実践例である。課題は「x座標軸上の長方形の面積を二等分する原点を通る直線の式を求めよ」である。

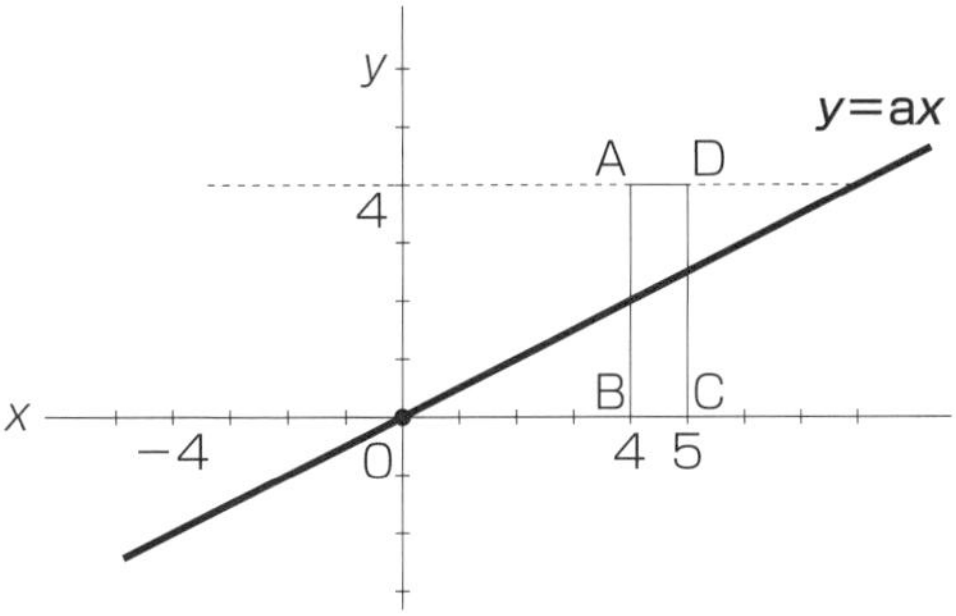

上図のようなy＝axを求める課題だが、ほとんどの子どもが戸惑いを見せる。一般的な授業では、いきなりレベルの高い課題ではなく、簡単な問題から難しい問題へと一歩一歩階段をのぼる形式が多い。しかし、これからのぼる頂上（太線・y＝ax）が見えた方ががんばりやすいこともある。けれども全員が解けない。教

師は、それを見越し一旦レベルを下げる。つまりスプリングボード（足場）と呼ぶ課題を準備する。それが「長方形の面積を二等分する直線は何本引けるか」であった。子どもたちは、最初は四本とする子どもが多い。この問題一つとっても、無数にあること、その無数の直線が一点を通ることに気付くのには「対話」と「協同」が必要である。求める直線は、長方形の対角線の交点と原点を通る。こうして比例係数（傾き）が求まり、直線の式が得られる。

高いレベルの課題を提示したとき、教師は子どもたちがどのようなつまずき方をしているかを評価し、適切な手立て（足場）を準備しておくことである。

(2) 国語科における「共有」と「ジャンプ課題」

●「共有」と「ジャンプ課題」を語る前に

国語教育の教材を大雑把に分類すれば文学作品と非文学的な作品となる。非文学的な作品として「説明的文章」がある。説明文教材の授業を参観すると、「形式段落をつけて文章構成図（構造読み）をつくる」「問いと解答の基本文型に慣れる（論理読み）」が多く、しかも教師が言葉を解釈し説明するといった授業展開が多い。

竹内常一は著『読むことの教育』（山吹書店）に「『説明的文章』の読みもまた創造的な営みなのだ。なぜなら、それは文学作品の読みと同じく、自分のことばをつくりだすものであるだけでなく、異なる他者と通じ合う共通語をつくりだしていくものであるからである」と記した。

この考えを参考にすれば、文学作品であろうと説明文であろうと教材の中にある「具体的な言葉（登場人物の言動、情景描写、情感的な言葉等）」にこだわり、正解主義ではなく多様な読みを交流し合うなかで一人ひとりの子どもが新しい読みの言葉を紡ぎ出していく。教材によっては、言葉の美しさや論理のおもしろさに触れ、言葉に対する感性を豊かにすることが大事ではないだろうか。

①　国語科における「対話」と「協同」読むことの教育

国語では、「共有の課題」とか「ジャンプの課題」は、学習過程の中に埋め込まれていることが多い。それだけに、教師は学びの文脈に繊細でありたい。

国語科における「対話」は、まず教材の読みに時間をかけ、場面ごとに読み味わいながら最終的に教材の中の言葉をジャンプ課題として読みを深める。味わうことが「対話」であるが、読みの当初、子どもの解釈は曖昧な意味しか帯びていない。それが、異質な他者に出会うことで、他人の言葉にさぐりを入れたり、他者の言葉を借用したり、他人に話すことで意味がはっきりしたりする「協同」を繰り返しながら教材の心臓部に進む。文学作品のような場合は、心臓部の言葉をジャンプ課題にして、読みをより深くする。これが基本である。文学作品を扱うときは、教師の考え、価値観を子どもに押し付けないことである。

太宰治は『津軽』（新潮文庫）で、旧制中学校での「古池や蛙飛び込む水の音」の句に関する学習について書いている。彼は「学生時代、この句のどこがいいのか、さっぱり見当がつかなかった。その訳は教師の説明の拙さだ。学校では、蒼然たる古池に『どぶうん』と蛙が飛び込み、余韻嫋々と教えられた。『どぶうん』なんて説明するから、わからなくなってしまうのだ。余韻も何もない。ただのチャボリだ。いわば世の中のほんの片隅の、実にまずしい音なのだ。……そう思ってこの句を見直すと、悪くない。いい句だ」。

太宰治の旧制中学時代のこの教師は、水の音を一方的に「どぶうん」と、自分の解釈を子どもに押し付けた。教師の価値観を伝達する全体学習が、この句を太宰治をして「月並みの駄句」にしてしまった。その責任は、教師の教材解釈に起因する。「水の音」ひとつとっても多様な味わいがある。国語科においては、言葉に対する多様な読みの交流が大事である。その繰り返しが言葉に対する感性を豊かにする。

②　教材との対話から「問う」こと

静岡県富士市立元吉原中学校の田中由美子教諭の国語科「ウミガメと少年」（野坂昭如作）の授業を紹介する。

導入

前時に本時の教材は読まれ（四十四段落から最後まで）、すでに子どもたちから疑問を出させていた。子どもたちの初発の感想は次のことだった。「少年は、なぜ卵を百個食べたのか」「百個の卵を何日で食べたのだろうか」「少年は、ふっと、満ちてきた潮に滑り入り、底へ沈んでいきました。このあと少年はどうなるのか」「ふっとって、どういうこと」「四十九段落で少年はアオウミガメになった。これで終わったと思うけれど、なぜ、そのあとの段落があるのか」。田中先生は、子どもの疑問を確認しテキストを読ませる。単に「本時の場面を読んでみよう」ではなく、子ども自らが問いをもってテキストと出会わせた。もっとも文学の学びでは、問題解決的学習としてはならない。

授業の前半

一人読みの後、田中先生は子どもの疑問から「ふっと……沈んでいった。これって、どういうことなのかな」を課題にグループ学習にした。課題は教材の本質をつく、学ぶ価値のある課題でありたい。田中先生が、いきなりグループ学習にした理由は、課題が子どもによってやや高水準だと判断したからである。子どもたちの解釈は「少年は、力尽きて落ちた」の事故説と、「少年は自分から海に入った」「卵を食べてしまった罪悪感」の自殺説に分かれる。

全体学習では、事故説は打ち消され「少年は意識がなくなってカメになりたくなったのでは」と、自殺説でもなく「カメに近づいた」「神経がおかしくなって自分はカメだと思うようになった」「少年はカメになった」に変化していく。田中先生は一度「カメなら海水が甘いなどと感じられないと思うが」と対立する。子どもの中には「カメがカメっぽく」と話す者もいる。子どもの心の揺れが見える。

●授業の後半

子どもの一部は、本文中の言葉「大きなウミガメの傍らを、小さなカメが島から」を根拠に「カメになった」と捉えていた。ここで、田中先生は「カメになった。そう思ったのはテキストのどこで思ったのか」を課題としてグループでの学び合いとなる。一部の子どもが教科書の言葉に触れていないと判断してのことである。この後、ジャンプ課題「昭和二十年、八月十五日、大きなあのウミガメがまた、南からの流れにのって、島の近くにやってきた……。作者はあなた方に何を伝えたかったのか」について、グループ活動で学び合うあるグループは、この課題に対して「今まで、『カメになったかどうか』を考えてきたが、カメになったかどうかの議論はいらない。少年は滑るようにして海に落ちた後、小さなアオウミガメになった。今はよくわからないが、カメになったかどうかではなく、カメから見た沖縄がどうか、もっと深く考えないといけないのでは」という意見が出され、カメは沖縄戦をどうとらえていたかの学び合いに変化していた。

(3) 社会科における「対話」と「協同」

① 子どもの「問い」につなげる学び

ある学校での「織田信長の統一事業」の授業である。

一般的に教科書を使用する場合、見開き二ページを一時間で教える。学習内容は確かに多い。この授業は、最初にグループ学習で教科書と資料集を使って「桶狭間」「楽市楽座」「関所の廃止」「長篠合戦」「安土桃山城築城」「延暦寺焼き討ち」「一向一揆」「本能寺の変」等の歴史的事実を年表に作成させた。その後、全体学習に戻し、教師が一つ一つの歴史的事実の解説を始める。結局子どもは教師の説明を聞き、ただひたすら板書事項の筆記で終わった。こうした展開だから子どもが歴史によそよそしくなる。

グループ活動で調べ学習があったとしても、その資料の読みから「問い」を発見し、なぜそのような歴史的事実が起きたのか、探究的に学ぶことが歴史を学ぶ意味である。つまり「なぜを問う」ことで、はじめて子どもは歴史的事実に出会い、多様な視点から歴史観の変化が見られるようになる。この授業にはそれがない。一つの提案として、前半での調べ学習を生かし、織田信長の戦いを二つに分類し、対立させるなかで「織田信長は何を統一しようとしたのか」を探究する方法もある。

地理にしても歴史にしても学習内容が多い。そのことが教師の説明を誘発する。しかも受験戦争の影響もあり、社会科では「対話」や「協同」は難しいといわれる。歴史教育が歴史的史実の暗記だけ、地理教育が地名と産業等の暗記だけという「暗記科目」にしてはならない。

黒羽清隆は『歴史を学ぶこと教えること』(東京大学出版会)のなかで「たいせつなのは『子どもに問いをもたせ』まったく不思議感覚を子どもたちに共有させることであり、『わからなさ』を『わからせる』ことである」と記した。本来学びは疑問や気付きからスタートする。社会科教育で大事にしたいことは、史実や結果の存在だけを教える学習から、子どもたちが「問いを見つけ」、その問いをどう解決するかを複数の資料やコミュニケーションを通して考え、「だから、こういう結果になったのだ」という当時の人たちの感覚がわかる、歴史をイメージできる。そんな授業を目指したい。

② モノとの対話から奈良時代の税と民衆の暮らしに出会う

静岡県富士市立元吉原中学校の岡崎礼子教諭の実践を紹介する。

●導入の工夫と授業の前半

岡崎先生は余分な話をほとんどせず、「これは奈良時代の遺跡から出土した木簡です。先生がインターネットで調べてつくりました。何に使われたでしょう?」と貢進物荷札木簡を配布し、木簡を媒介して当時の税制度を探究する。

表　駿河国富士郡戸主泰人麻呂調鰹煎三連

裏　天平十年三月

個人での一人学びの後、すぐにグループ活動で「協同」の学び合いになった。子どもたちの対話の内容は、「駿河国って?」「調って?」「鰹?　煎?」など「わからない」ことが多い。岡崎先生は、子どもたちの困り感を感じ、全体学習で「調」以外については解説し、再びグループ活動に戻す。その活動は教科書や資料集を見ずに少ない言葉を情報源にして木簡の謎を解こうとする。以下は、グループでの対話例である。

この課題に対して、橋本さんは「鰹だから、これは魚の行商に使う値札じゃない?」と考える。それに堺さんから「でも値札だとすると金額が書いてないね」と否定され、橋本さんは「うーん、そうだな」と。そんなとき、堺さんが「戸主○○○○って書いているから、戸籍じゃない」と新たな解釈をする。岩本さんが「それじゃあ、鰹とつながらないよ。もしかして、鰹ぶしをつくった人の名前じゃないかな」と否定する。学びは否定に否定を重ねながら、橋本さんの「じゃあ調ってどういうこと」と本時のねらいに迫る問いが生まれる。堺さんが「○○さんは、鰹ぶしを調べた人じゃない」と言うと、何のために鰹を調べるのと反論が出る。対話は続くが、「調が何か」は解釈できなかった。

岡崎先生は、グループ活動の様子から子どもたちの知識では解決できないと判断し、全体学習に戻す。解決するための足場（スプリングボード）として教科書と資料集から「調」を調べることを指示し、再びグループ活動になる。

橋本さんが「『調』って税金のことだ!」とつぶやく。堺さんが「どこに書いてある?」と尋ね、「資料集の○○ページ」の調にグループの全員が辿り着く。

さらに追求は続き、「調」は特産物を都に運んでいくこと、しかも百姓が自分たちの負担で都まで運んだことを発見する。

そのとき、岩本さんがふと「他にも税がある。租とか庸とか！」と。調を調べる活動を通して、教師が説明するまでもなく、大事な知識（情報）を獲得している。

●授業の後半

岡崎先生のもう一つのねらいは、ただ単に当時の税制度を学ぶことだけではなかった。「調やその他の税」が庶民（特に百姓）の生活にどんな影響を与えていたか。そのことを学ぶために「特産物を都まで運ばなければならなかった百姓や家族の暮らしはどうだったか」をジャンプ課題とした。

黒羽清隆は著『日本史教育の理論と方法』で、「『歴』として存在しながら『史』となりえなかった人々の生を求め、彼らの生を確認することが彼らへの敬意と愛の形であると思う」と生徒から送られた言葉を書いたが、まさに史となりえなかった人たちの学びの実践であった。

（4）理科における「探究」と「協同」

①　科学的に探究する活動をどう組織するか

北海道石狩市立樽川中学校の加藤一義教諭の「デンプンと糖」の実践を紹介する。加藤先生のモットーは探究的な理科教育である。

●導入

ご飯を数分間にわたって噛むのが一般的である。しかし、噛む途中で飲み込んでしまうケースがあり、それを避けるため細かく切った餅を用いた。まず餅がデンプンを含んでいることをヨウ素液を用いて確認した後、子どもたちは餅を噛み「甘くなる」という気付きから「なぜ、甘くなるのか」の問いを立てる。

●授業の前半

普通は、二つの試験管にデンプンと唾液、デンプンと水を入れ、四〇℃の湯で温めた後、ベネディクト溶液の反応液でデンプンが麦芽糖に変化することを確認する。なぜ、四〇℃なのかが追求されないことも問題である。

加藤先生は、子どもたちになぜ甘くなるのか、グループ学習で意見交流させ、考えられる要因をあらかじめ考えさせた。餅そのものが糖、デンプンそのものが糖、唾液そのものが糖、デンプンに唾液が混ざるから、デンプンに水を混ぜても糖になる。様々な要因を全体学習で交流し、考えられる場合を基に実験をすることになった。普通は「やらされる実験」なのに「必要な実験」になった。

●授業の後半

実験結果をもとに唾液はデンプンを麦芽糖に変えることを確認した。加藤先生は、ここで中学校の学習内容ではない「肉（ささ肉）を噛むとどうだろうか」と発展課題を出した。子どもたちは短い時間で甘くならないことに気付く。このことから唾液はデンプンの消化酵素であることが押さえられる。

②　教科内容の発展性

三年生「メンデルの法則」の授業例である。
授業の前半は、ピーターコーンは、スイートコーンの品種の中から黄色の種子をつける品種（ＡＡ）と白色の種子をつける品種（ａａ）とを交配させてできたものであるが、このとき「ピーターコーンの色の割合（分離比）はどうなるか」を考えさせた。子どもたちの予想は「一対一」であった。その予想を検証する方法として、一つはピーターコーンのすべての粒を数えて数量化する方法である。これはグループ活動によってほぼ三対一になることが理解できた。

授業の後半は、なぜ三対一になるのか、ピーターコーンの色に影響を与える要因となる遺伝子を用いて考察した。この方法は高校理科の領域である。

（5）外国語科における「対話」と「協同」

英語教師の悩みは「ペア学習はできるが、四人組のグループ学習は難しい」である。多くの授業は、ウォーミングアップと称した「天気・曜日・挨拶」など既習事項の復習から始まり、教科書の本文（基本文）の読みと意味、本文をペアで発音、新出単語の発音練習（ゲーム）、本時の基本文を使って自己表現と発表などである。グループで英語表現をしても優れた子どもの答えを写すだけでは「協同」とは言えない。また、「問い―答え―評価」というパターンで進む平板な授業が多い。

①　導入の工夫と前半

「話すこと」「聞くこと」のチャット活動などは「協同」と呼べるものではない。しかし、英語は技能教科に近い。理屈抜きで英文を覚えることも必要である。その意味で、身に付けたい基本文例などを「帯活動」として毎時間ペア学習で音読練習することは、表現力育成に効果がある。

最近、導入でテキストとの出会いに工夫が見られる。たとえば「英語の歌」「ＡＬＴが作る教材」「世界が見えるＤＶＤ」などのリスニングが中心となっている。展開では、インプットした内容をアウトプットする経験が必要である。そこで、ペア学習を多用し、身に付けたい基本文をアウトプット（話すこと、聞くこと、書くこと）する。ただし、これだけならば単なる暗記にすぎない。暗記の世界からより深く学ぶために、文の構造（文型）の理解や他の文型との比較や文法の操作能力を高める。たとえば、「be going to」=「will」とか、未来形では動詞は原形であるとか、「like to」や「want to」では「to +動詞の原形」であるなどである。

② 授業の後半

授業の後半は、前半でインプットされた知識をシャワーのように活用・応用する学びとする。たとえば部分和訳、読み取り、英問英答や基本文を使って「友達のよさ」を紹介する文を作ったり、長文読解やリスニングとシャドウイング(shadowing)とディクテーションを合わせた活動(一人の子どもがイヤホーンをつけ、CD(テープ)に録音された文章をシャドウイングする。グループの仲間は、友達の読みを文に置き換える。グループの全員が一回ずつ同様なことをし、最終的に正しい文章に復元する活動である。この方法のよさは、グループのメンバーが全員参加できること)などがある。

授業の後半は、既習事項を駆使した自己表現や発問・総合問題による読み取りなどの課題になるためペア学習だけでは難しい。そこでグループ活動を組み込み、わからないところは仲間に訊きながら、達成感を感じる学びにしたい。

(6) グループ活動は全体学習の下請けではない

全体学習で意見が一部の子どもに偏ったとき、あるいは発言が少なくなったときに、とりあえずグループ活動を組み込むようでは下請けである。「対話」と「協同」の学びは、グループ活動がメインで全体学習が下請けと捉えたい。国・社・数・理・英の実践例をいくつか報告したが、どれもグループ活動が中心で授業デザインされている。

ある中学校で、授業者が課題を与えた後、子どもたちに「グループがいいか、全体学習がいいか」と尋ねたら「グループ活動がいい」と答えた。共同による探究活動としての協同的な学びを望んでいる子どもが多い。問題解決的な思考過程では、意図的にグループ活動を仕組むことが要求される。

(7) 技能教科における協同的な学び

技能教科の教師には、技能・体力などの習得や高まりは、個人主義的なものであって教科の特質上「対話」や「協同」とは無縁だと思っている人が多い。技能教科であっても、「学ぶ」という視点で考えれば、何よりもまず他者との「協同」を一次的に考えたい。具体的にはグループを構成し、共に同じ課題を探究する。その場合「どうすればうまく絵が描けるか」「どうすれば記録が伸びるか」などについて話し合いを頻繁にもつとか、グループの構成員が協力して一つの作品を制作することではない。作業的な活動を中心に行いながら、仲間のよさを認めたり、仲間をケアしたり、仲間に身をゆだねたり、仲間のよさを「なぞり（まねび）」、自分をかたどっていく。仲間とともに学び合う中で「教えて」とか「すごいね」とか他者と対話し、学ぶことが楽しい授業にしたい。

美術科の「人物画像」の授業を見た。一般的には机上に鏡を置き、子どもたちは、ただひたすら自己を見つめて作品を描くことが多い。これを仲間の人物画を描くことで他者とのかかわりをもたせた学びを創造できる。

(8) 保健体育科における協同的な学び

下の写真は、体育のマット運動(側転)の授業風景である。グループの一人が側転をする。試技をした子どもは、自分の手がどこについたか覚えていられない。そこで、仲間が手型を置くことで、みんなで振り返ることができる。他者との関係の中で、個人の技能・体力を高める授業づくりである。最近、増えつつある授業は、他者とともに活動を楽しみながらお互いの気持ちに働きかけ個人の技能・体力が高まる授業づくりである。たとえば、ハードル走。前半は個人で運動をするが、後半はペアでハードルに挑む。他者と共に夢中になって運動するなかで技術が高まる。まず体育指導のパラダイムを「技術論→関係論」から「関係論→技術論」に転換してもいいのではないだろうか。

授業デザインの例

数学科授業デザイン

○○○○

1　○月○日（○）　第○時　○年○組

2　テーマ　等式の性質

3　本時の目標（できれば単元計画も入れたい）

（1）天秤の操作的活動を通して、等式の性質を指摘できる。

（2）等式の性質を使うことにより、方程式の解を求めることができる。

4　授業の流れ

（1）〔課題提示〕天秤を利用して、等式の性質を考える。

（コの字型）

（2）〔課題追求Ⅰ〕グループ学習

リンゴ1個の重さが 200 gのとき、図から天秤の性質を使って、メロン1個の重さやスイカ1個の重さを求める。

（3）全体学習で等式の性質の具体的な操作を文字に置き換えて説明する。

（4）〔課題追求Ⅱ〕グループ学習

応用問題（2題）を立式し、等式の性質を利用して解を求める。

（5）振り返り

5　学校独自で工夫　★観る視点　★授業の評価　★学び合い　等

（1）等式の性質が使用できたか？

（2）グループ学習の課題は明確だったか？　など

★「学び合い」で子どもに身に付けさせたいことを書く。

3 グループ活動は意見を一つにまとめる活動ではない

昔から生活班を基にした班学習があった。この学習は学級の諸問題を民主的に解決したり、明日からの行動指針を決定したりすることが中心であった。

私たちが目指す協同学習（Collaborative Learning）は、司会や役割分担を決めて活動することでもなく、ゲームで楽しむことでもなく、発言力の強い子どもの考えに妥協することでもなく、異なる解釈を一つの考えに収束させるといったものではない。これらは協力学習（Cooperative Learning）である。協同学習は、他者とのコミュニケーションを通して、「わからない」が「わかった」という経験、知らなかった、気付かなかったことを知る経験など、あくまでも個人の学習を支えるものである。個の成長と発達を願う活動だから、グループ活動後の全体学習では「私たちの班では……」ではなく「私は……」の発言でなければならない。

また、グループ活動後の全体学習で班代表が次から次へと発表することをやめたい。人はわかってしまうとそれ以上は探究しなくなる。できない子どもほどくどくどとした発表を嫌う。時間の浪費である。もちろん、一、二の発表があってもいい。それはグループ活動での内容を確認するためである。

ところで、グループ学習には様々な用語が用いられる。班学習、協同学習、協力学習、協働学習等々である。協同学習は、グループを構成するメンバーが、お互いに協働し、それぞれが居場所をつくり、共同で探究することを通して、自分なりの学びの意味を構成する「小さな共同体」をつくる。その意味、協同学習は「協働（協力）＋小さな共同体」を意味するのだと思う。小さな共同体で互いに支え合うといった未来に生きるかたちを学ぶコミュニティの形成は、未来社会に希望がもてる。

4 グループ活動に関するよくある質問

①　小グループ活動にすると勝手なおしゃべりをして困る

ほとんどは課題の与え方に原因がある。つまり課題がやさしすぎて暇をもてあましているか、逆に課題が高すぎて追求を諦めているかどうかである。たとえば、社会科で与えられた課題は「グループで地図を見てグループで気付いたことをまとめてください」である。事実の発見「何々があった」だけでは追求がない。そのために一つか二つを発見すれば課題解決になってしまう。あるいは全員が解けるような低いレベルの課題だと勝手なおしゃべりが多くなる。課題解決後は暇ができ雰囲気が乱れる。単にグループ活動を入れるとか、とりあえずグループにするとかであれば、勝手なおしゃべりはあり得る。

グループ活動は自分一人では解けないときに仲間に依存したり、多様な考えの交流であったり、結果の考察であったりなど議論や探究が条件となる。

②　優秀な子どもは教えるだけではないか

テスト結果から考察すると仲間に教えた子どもの方が知識の定着が高い。優秀な子どもが仲間に教えることは、自分の知識をより確かに記憶することになり、教えられた子どももわかる経験によって記憶を強化するという。仲間に教えたことは九〇％記憶に残るというアメリカの学者の指摘もある。

③　依存するだけでいいのか

教師の多くは、自力解決を是とし、他者に依存することを嫌う。しかし、子どもが「わからない」ときに他者に依存する力をもつことは大事である。わからないときに質問することがなぜいけないのだろうか。依存できる人は必ず自立できる。むしろ他者に尋ねなければならないときに、依存できずに孤立する人は最後まで孤立している。

ただ、他者に依存することを頭で理解しても実際に依存するとなると簡単ではない。教師は、そうした子どもに他者に依存することを教えることである。特に、グループ学習においてひと言も語らない子どものケアを考えたい。

④　高校になれば一斉学習だからグループ活動に慣れた子どものその後が心配

結論的には、他者に依存できる子どもを育てておけば、何ら問題なく高校生活を送っている。子どもたちは、わからないことは、授業中や休み時間に仲間、教師に尋ねている。

⑤　生活班と学習班は違う方がいいのか

生活班は、学級の諸問題を自治的に解決することがねらいである。学習班は自治的活動ではなく、与えられた課題を仲間とともに探究し自分なりに納得を得る学びである。基本的には、生活班は六、七人で構成されるが、共にコミュニケーションをするには人数が多すぎる。したがって生活班と学習班が異なることがあってもいい。またリーダーを置くことも均質・等質にすることも能力別にすることも必要がない。どんな仲間と一緒になっても互いに支え合い学び合う小さな社会を構成し、異質な価値観の中で「生きるためのかたち」を学ぶ場である。

⑥ グループの構成はどうするのか

●グループの構成員の決め方

グループの構成・人数、交代期間等は学校として統一せず、学級担任に任せる。ただし、子ども同士の話し合いでグループ構成員を決めさせない。子ども同士で決めると、必ず子どものなかに不満が残る。

●グループ構成員数

子ども同士の話し合いに適した構成員数は、三、四人で

理想的な座席配置

女	男
男	女

ある。しかも男女混合で能力別にしないことである。男女の特性を生かすこともあるが、世の中はすでに男女共同参画時代である。同性の方が話しやすいからでは、性差を越え、能力を越え、障害を越えるなど異質な他者が支え合う小さな共同体をつくることにならない。その意味、構成メンバーの決定は「配慮すべき子ども以外は、基本的にはくじ引きでいい」。男女混合で三、四人とする理由は、学び合いにちょうどよい人数だからである。全員が額を寄せて小さな声で話すことができる。また、理想的な座席配置は市松模様である。特にこのような配置は、勝手なおしゃべりを防ぐことになる。

男女数は同数が望ましいが、学級によっては物理的に不可能なときもある。同数にこだわることはない。ただ、女子三人・男子一人の組み合わせはできれば避けたい。というのは、男子が女子グループの話し合いに入り込みにくい傾向がある。構成員数が三人の場合は、コミュニケーションの苦手な子どもが孤立しやすい。したがって、四人構成のグループより丁寧に見守る必要がある。向構成員が五人以上となると端と端の子どもはコミュニケーションしにくい。向かい合う関係をつくるには四人が限度である。

⑦ 話し合いを活発化させるために司会者は必要ではないか

司会がいなければ協同的な学びができないわけではない。けれども教師が必要と思えば、司会者（日替わりがいい）を決めてもかまわない。

⑧ なぜ男女混合なのか

子どもたちは、同性同士の方が気軽に話し合いができる。だからといって男女別々のグループ編成では男女の特性が生きない。女子は課題に対して概して誠実に取り組む。

しかし、男子は直感で考える癖があり、わからなくなるとすぐに放り出す傾向がある。女子の誠実な取り組みは男子を意外と学びに踏みとどまらせる。逆に言えば、女子が学びに積極的でないグループ活動は沈黙の世界になりやすい。異性との間にある見えない境界線を越えて学ぶ光景は、教室が安心して生活できる場所と感じさせる。もっとも男女の境界線を越えるには時間がかかる。最初に取り組んだとき、うまくいかなかったとやめてしまえば、いつまでたっても壁は乗り越えることはできない。

子どもが、自分の思いを伝え合う。ともに学び合う学びによって互いのあいだに「敬意」という信頼関係が生まれる。単にグループ活動やペア活動を組めば「協同」を実践しているわけではない。こうした学びをするためには、教師の指導観の転回が必要となる。

⑨ グループ活動をいつ終わるか

グループ活動で最も難しいのは、グループ活動をいつ終わるかである。教師のグループ活動を見とる力が必要になる。グループ活動で大事なことは暇をつくらせないこと。暇ができると子どもは緊張と集中から解放され、だれる。

ではどうするか。一つは解決できたグループには課題を与える。もう一つは、困り感をもつグループと解決したグループを「つなぐ」ことである。さらにもう一つは、すべてのグループが課題解決できなくても中断し、全体による学習に切り替える。その際、解決できたグループに発表させるのではなく、中断させられたグループに、自分たちが解決できたところまでを発表してもらい、その後は全体で考える。こうすることで効率のよい学びが創造できる。

⑩ 技能教科でもグループ構成員は三、四人か。また特別教室でもコの字型の座席配置にすべきか

調理実習、合唱や保健体育の種目によっては四人組グループを固持するものではない。また特別教室では作業的活動が中心となる。したがってコの字型の座席配置ではなく最初からグループ活動形態でいい。

⑪ グループ活動で教師は何をしたらいいのか（教師の居方）

学級全体を俯瞰できる位置に立ち、子どもたちのつまずきを把握し、孤立した子や学び合いが停滞するグループを見届け、適切なケアをする。

第3章

授業をどう観察し、どう省察するか

1

学校現場における授業研究の流れ

教師の学びの中心的な方法は、医師における臨床研究、弁護士における判例研究と同様、授業の事例研究である。教師は、子どもが対話と協同で学び育つように、教師も教室の事実に学び、教材の発展性に学び、学びの専門家として育つことが大事である。

東京都の校内研修に招聘されたとき、四〇代後半のベテラン中学校教師が「同じ教科でありながら、他の先生の授業を最初から最後まで参観したのは初めてです」と語った。信じられないことであるが、実のところ多くの中学校では、教師が日常的に授業を互いに見せ合うことはほとんどない。事例研究があったとしても、専門家としての学びにはほど遠い。それが現状である。

「学びの共同体」は、教師が「学びの専門家」へ変革することを目指す。そのために、校内研修は、指導技術（わざ）と専門家としての基礎的知識、教育学（理論）や教養など二つの面を学び合う。この二つは車の両輪であって、一方の車輪だけを回転（研修）させるだけでは、車はどうどう巡りで前進しない。両輪をバランスよく回転させるための校内研修が求められる。その際、講演や理論研修だけでは授業は変わらない。教師は実際に実践し効果を実感しないかぎり授業を変えない。それだけに他の教師の授業を見たり、自分で何回も苦しんで授業をしたりする。学びの専門家への変革は決して容易ではない。

学校現場における授業研究は研究者のような研究ではない。一回限りのイベントでもない。校内研修は言葉だけの受け売りでも意味がない。校内研修で得た知見を基に、各自が授業改善を繰り返す。子どもとどう接すれば、子どもの笑顔に出会えるか、専門家として学び続ける理由は、ここにある。

●中学校は、学年研修を中心に学び合う

改革の始まりは全体研修が中心である。「活動的で協同的で表現と共有のある学び」「授業を見ることと授業協議会のあり方」等、地図や羅針盤をもたな

ければ学びの創造は難しい。しかしながら、小規模校は別にして、できるだけ早い時期に学年研修中心に移行する。そうしなければ教師全員の授業研究は不可能である。また学年には学年特有の問題がある。学年研修は、学年主任のリーダーシップで同じ日に同時進行で実施する。ただし、学年研修だけだと「教師の学び」の膠着化や研修の方向性の不一致になりかねない。そこで年数回は全体研修を計画し、外部講師を招聘する。

教師の活動システム

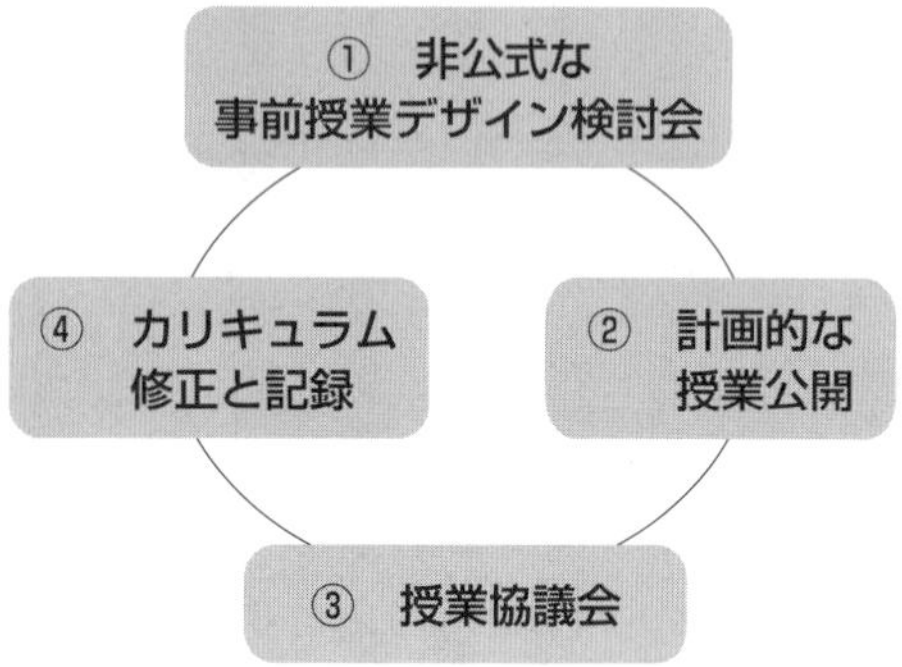

（1）教師の活動システムの構築

大まかな流れは上図となる。この四つを一つのサイクルとして校内研修を組織する。

① 第一段階「非公式な事前授業デザイン検討会」

各学校によって異なる。「非公式」としたのは、会議を義務化すると教師の多忙の再生産につながってしまうからである。授業デザイン検討会は、休み時間や放課後などに、非公式な形で職員室や会議室で実施する。この学び合いの積み重ねのなかで教師間の同僚性が育つ。

事前検討会のメンバーには異なる教科の教師も加わるといい。同じ教科教師だけだと子どものつまずきや気持ちがわからない。他の分野の専門家から学ぶことや考えさせられることも多い。

教師によっては、授業デザイン作成後、プレ授業、つまり提案学級以外の学級で授業をし、授業デザインを手直ししてもいい。また教師を生徒代わりに模擬授業をする学校などがある。いずれにしても、授業デザイン作成にあたっては、次の三点に留意する。

ア　本時で身に付けさせたいことを明確にする。

イ　学ぶ価値のある教材・課題の工夫や学習過程が「課題・探究・表現」の連続となる学びを創造する。

ウ　対話と協同を組み込んだ授業構造とする。

② 第二段階「計画的な授業公開」

授業公開には次の三つの方法がある。

授業公開

- ア　教師全員による授業参観（またはビデオ視聴）と全体研修
- イ　学年教師による授業参観（またはビデオ視聴）と学年研修
- ウ　複数教師による授業参観と個人研修

授業参観の理想は、全教師がすべての教師の授業公開を観察することである。しかしながら、それだと自習時間が増え、カリキュラムの積み残しや駆け足的な授業をしかねない。そこで授業公開はビデオ録画し、ビデオによる研修（ビデオ研修）を基本とする。

ビデオ録画は、教室の前方から子どもたちの学びの姿を中心に撮影する。もちろん、授業の流れがわかるためには教師の板書事項なども撮影する。

授業を観察するには、教室の後ろで座ったままの参観では子どもの顔の表情は見えない。子どもの表情が見える教室の前や横から授業を観察する。

③　第三段階「授業協議会」

●決められた日と時間内で

授業後の授業協議会の中身で教師が育つかどうかで決まる。**静岡県富士市**では水曜日に「部活動なしの日」がある。月三、四回の水曜日の放課後を、第一週は全体研修（学年研修）、第二週は学年部会、第三週は学年研修（全体研修）、第四週は職員会議などと年間教育計画で位置づけておく。運用は自由であるが、決められた日に、決められた時間から研修を開始し、決められた時間で終了することが望ましい。

●校内研修が、教師の多忙の再生産とならないようにする

指導案は略案でもいい。今までの授業公開では、指導細案作成という手続き面での研究が多く、授業をするときには細案作成で疲れ果ててしまう。授業公開が教師の多忙化を招くことのないようにしたい。まず気軽に実践を見せ合う

ことを中心とする。

④　第四段階「カリキュラムの修正」と「記録」

授業公開者は、授業協議会で指摘された事柄を基に授業デザインの手直しをし、自己の記録として残す。研修委員によって、資料等の保存を行う。

(2)　授業研究における論点

学びの専門家へ成長するには、教師一人でできることもあるが、学校という組織で学ぶことである。その学びは、座学よりも実践事例を基に継続的に学び合う。その場合、海図も羅針盤もない授業研究としないために、教師間で論点を共有する。

論点1　子ども一人ひとりの学びを保障する

子どもが一人残らず授業を投げ出さずに参加する。これは、「学びの共同体」のヴィジョンである。そうした子どもを育てるには、何よりもまず教師が子どもを見捨てないことである。

論点２　どこで学びが成立し、どこで学びがつまずいていたか

学びは、三つの対話（対象との対話、他者との対話、自己との対話）から成る。一つ一つの対話が、子どもたちの思考をより深める学びにつながったかを省察する。

論点３　教科の壁を越えて「対話」と「協同」の実践

教科の壁を越えて対話と協同が実践できたか。どうすれば教室に聴き合う関係を構築し、協同的学びという対話的コミュニケーションを組織できるかを省察する。対話や協同の質を問い直す。

さらに付け加えるとすれば、各教師が年度当初に作成する「個人研究テーマ」に即して授業を観察する。授業研究の年間計画例は、一五二ページを参照してほしい。

2

観察すること、省察することの具体

授業協議会では多様な語りが基本である。しかし単に印象や感想や生徒指導で終わるだけならば学びの専門家へ変革はできない。その意味で、授業協議会を実りあるものにするのは授業をどう観察するかにかかっている。

佐藤学先生は「授業を良し悪しで見るのではなく、事実として仔細に見る見方、つまり自然観察において蟻の観察を行うように、教室の出来事を仔細に観察し省察する見方をする。『教師の教え方』を観察と批評の中心とするのではなく『子どもの学びの事実』を観察と批評の中心に置く」としている。

●教室の出来事を仔細に観察するとは？

「子どもが『にこっ』とした」「無表情な子どもが気になる」「教師の発問に子どもがこのようにつまずいていた」「教師の発問に子どもがどう反応したか」

「学びから逃走しそうな子どもに教師がどうかかわっていたか」「学びの発展性はどうか」等々。具体的な出来事を「発見」する。子どもの出来事は教師や黒板だけを見ていては見えない。

①　子どもの表情を見とる

授業観察は、筋書きのないドラマを観察するようなものだ。同僚と同じ場面を見ても多様な解釈が生まれる。観察する対象は、教師の行為だけでなく、子どもを中心に見る。

授業の良し悪しは、授業前の指導案（プラン）通りに授業ができたかどうかを評価することではない。それよりも固有名詞をもった子どもの様々な事実を細やかさと丁寧さで観察し「発見」する。「発見」したことから学べたことを自分の言葉で物語る。それが授業のあり方を問うことになり、教師の指導技術を高める。

② 授業観察シートについて

学校によっては、観察シートを作成して観察項目を決めている。授業は「こう見るべきだ」とするよりも、教師の観察の多様性、多義性の語りを大事にしたい。観察シートを作成する場合でも、観察することを限定したり、記録にとらわれて観察が疎かになったりしないようにしたい。

③ 発見した事実を物語る

参観者は、授業協議会でお礼として一言は感想を述べる。その際、次のことを念頭において語る。

ア　子どもの固有名詞を挙げて発見した事実を語る。

イ　その事実から学べたことやその事実が起きた理由を自分の経験と照らして物語る。

ウ　イをもとに指導の「修正」等について語る。ただし修正論議はひとつにまとめない。

3

観ること、語る内容の具体

子どもの学びの事実の何を見るのか

教師が授業協議会で語る内容をカテゴリー化することは必要ないかもしれない。けれども単なる感想の出し合いに終わらせないために、いくつかの観点を示す。

① 教室の雰囲気や子どもの様子
② 子どもの学びの成立（つまずき、思考の仕方、学習参加や意欲）
③ 関係の中で学ぶ（教師と子ども、子どもと子ども）
④ 教師の指導技術

観る対象

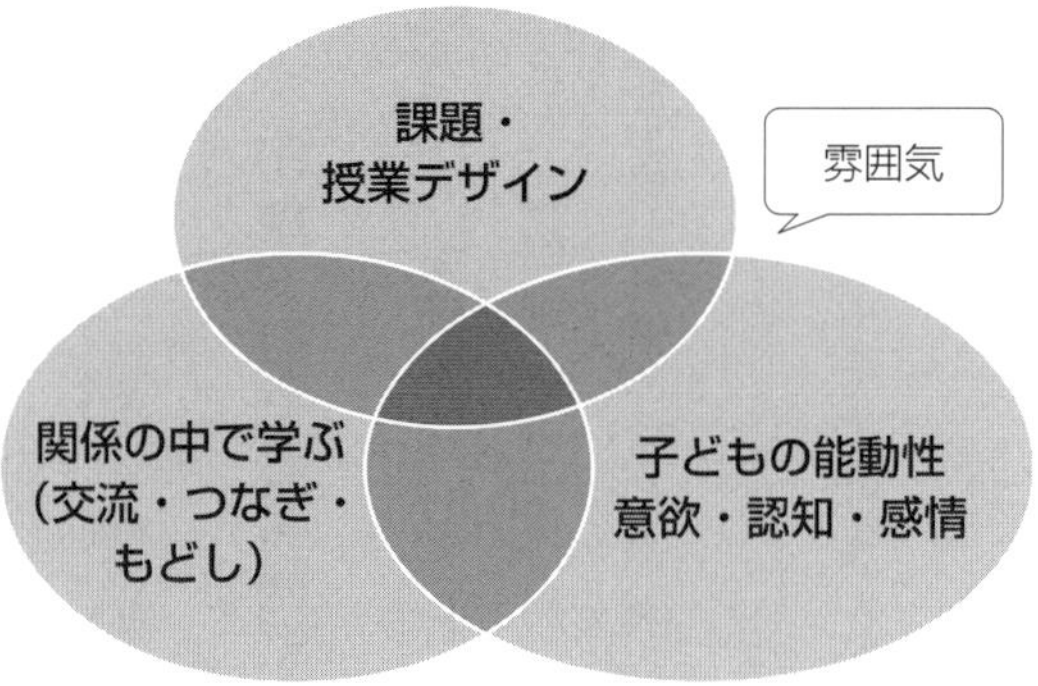

⑤　課題（教材）と授業デザインと学びの質

⑥　その他（授業とは直接関係のない事実）

（1）印象＝教室の雰囲気や子どもの様子

教室に一歩踏み込むと教師や子どもの息遣いが伝わってくる。「男女の垣根を越えた関係がいいですね。それが、子どもたちに安心感をもたらしています。特に綾子さんは悟くんの困り感を何気なしにケアしていますね。いい光景ですよ」と。大事なことは、どう指導（かかわり）をすれば、こうした雰囲気が生まれるかである。その秘訣を担任に尋ねるとよい。

（2）子どもがどこで学んでいたのか、どこでつまずいていたのか

①　子どものつまずき――基礎概念がわからない

島根県益田市立益田中学校の佐々木紹夫教諭の二年数学科「連立方程式の応用問題」の授業である。

研究主任の野村祐美教諭は、「川をはさんで、一一km離れた地点に学校と競技場がある。本田君は、学校から川までは毎時三kmの速さで、川から競技場まで毎時五kmの速さで走った。学校を出発して三時間後に競技場に着いた。学校から川までにかかった時間と川から競技場までにかかった時間を求めなさい」という課題に対して、子どものつまずきの理由を語っている。「私の見ていたグループでは、x＝学校から川までの道のり、y＝川から競技場までの道のりとして、道のりの関係から　$x+y=11$、時間の関係から$x/3+y/5=3$を立式できた。ところが、子どもたちがつまずいたのは、道のりの式から時間の式を加減法で計算できないのではないか、であった。実は私も子どもと同意見でよくわからない。教えてください」と。

佐々木先生は、加減法を教えてあったので立式さえできれば解法できると考えていた。

ところが、子どものつまずきの原因が別のところにあった。子どものつまずきを知ることで、今後はそのつまずきに対するスプリングボード（足場）という対処法を準備する必要を学ぶことになった。

②　子どものつまずき――言葉の解釈が異なる

高知県土佐町立土佐町中学校の神原美由紀教諭の三年国語科「俳句」の授業である。

飯田蛇笏作「をりとりてはらりとおもいすすきかな」を味わう授業だった。参観者のほとんどは「この一句だけで一時間もつのだろうか」と疑問を抱いていた。結論を言えば、「たった一句で様々な解釈が出て驚いた」という参観者が、「私は、今まで何首かを教えてきたが、驚きの授業だった。教材を少なくして丁寧に言葉を学ぶ子どもの姿が印象的です」と語った。

ところで、子どもがつまずいたのは、その言葉であった。まず「をりとりて」は「折る」だろうと思うのだが、なぜ「を」なのかがわからない。「おりとりて」ならば「折る」と読めるが、「をりとりて」では、どう解釈するのか。この解決には古語辞典を読めば「をり＝折る」とわかる。

次に子どもたちが問題にしたのは「ススキのどこを折ったのか？」であった。「はらり＝軽い」というイメージからススキの穂の下か、根に近いところで折ったのか。ここから教師が予期していない展開となる。教師が期待する「命の軽さ」という読みが子どもたちからは出てこない。子どもたちの「？」状態を転回させたのは、今井君の一言だった。

「句がすべてひらがなで書かれている。みんなは『はらりとおもい』の『おもい』を『ススキが重い』と読んでいるが、『思い』と充てて見ると、作者は罪悪感をもったのではないか」と。

すごい意見である。しかし教師自身が「罪悪感」がわからない。子どもが曖昧な表現や思いもよらない表現をしたとき、教師は「罪悪感って、どの言葉からそう感じたの？」と読みの根拠を尋ねる必要がある。それによって一人の発言を教室のみんなで共有し、新たな展開が生まれる可能性があったが、それをしなかった。教師が子どもの発言をどう聴き、どう人やことにつなげるかの大事さが学べた。

③ 子どものつまずき――用語の意味がわからない

ある授業で、「江戸幕府の財政が悪化したのはいつ頃か」という課題がグループ活動で追求された。けれど、コミュニケーションが起きない。その原因は何か。子どもたちの言語活動を分析すると理解できる。

牧雄が「財政って何?」と哲夫に問う。哲夫は「俺だってわからん」と応じる。牧雄は「わからんものは、わからんなあ」とつぶやきながら、他のグループの若子に「財政ってなん?」と尋ねる。若子が「経済のことよ」と答えると、牧雄は「経済……?」。少し間があって「経済って銭のことか」。自分の言葉で経済を表現し、さらに「銭が悪いって、どういうことだ?」と。経済の悪化はいつの間にか銭が悪いになってしまった。

しかし、銭が悪いという比喩が素晴らしい。子どもの理解の仕方は様々である。社会科では言葉の意味がわからなくて困り感を示すことが多い。牧雄の比喩が取り上げられ、問い直すことで理解が深まる可能性があった。

④　子どものつまずき——課題が曖昧すぎて何を調べるのかわからない

授業者は、「元禄文化の特色や作品について、グループで自由にまとめなさい」とグループ活動の課題を出した。この質問は曖昧なものだった。参観者の一人が「石川さんは、いつもは仕切り屋なのに、今日はそれが機能していなかったですね。多分、先生の質問の意味がわからなかったのではないか。グループになったとき『何をするの』と隣の美里さんに尋ねたことからもうかがわれる。このことから学べたことは、グループ活動を組み込むときは、『自由に考えなさい』では難しい。何をどうするか、明確な指示が必要である」と語っていた。子どもにとって「自由に」と言われることほど難しいことはない。

⑤　子どもたちの読みの世界

北海道南富良野町立南富良野中学校、石黒紀範教諭による一年生の国語「枕草子」である。「春はあけぼの」で始まる段を教科書や辞書を使わずに、グループ活動を中心に現代語訳にする授業だった。私の見ていたグループの学びは、

「あけぼのってどういうことか」から始まった。中嶋君は「春が始まりってということかな」とイメージを語る。それに対し田村さんは同意しながら「あけたばっかりの方がいい」と言葉を修正する。中嶋君は「あけたばっかりなのにやうやう山が白くっては？」と「あけたばっかり」を借用しながらなお尋ねる。それに田村さんが「春の最初だからまだ山には雪が残っているということ」と新解釈で応える。中嶋君は笑顔で「奥が深いなあ」とつぶやく。

こうした学びの世界をつくったのは、石黒先生があえて「あけぼの」を明確にせず、「あけぼの」の前後の言葉から解釈を試みさせたことによる。その結果、彼／彼女は、これまで見られるような正統的な読みではない読みをする。正しいとか正しくないとかの以前に、子どもたちのイメージ力はすごい。石黒先生は、言葉からイメージ化するという想像力を重視されていた。その後「どうも『あけぼの』で困っているようだね。ヒントは、『一日のある時間帯のこと』」とはじめて「あけぼの」にせまる足場設定をされた。このことから子どもたちの読みは転回する。

⑥　テキストとの出会いで学ぶ

高知県高知市立横浜中学校の甲藤さや教諭の三年俳句、種田山頭火の「わけいってもわけいっても青い山」の味わいの授業である。参観者は、「国語では、導入時の音読が大事と言われていますが、一〇分も音読にかけたことにびっくりした。じっくりと言葉と対話させ、子どもたちに自分なりのイメージ画を描かせた。子どもの考えを分類すると、青い山に向かっている途中、山を登っている途中、山の頂上に達しさらに向こうの山を見ているに分かれた。私が考えもつかなかったイメージ画に出会えたが、最初にたっぷりとテキストに出会わせたことで、こんなにもイメージが湧くのですね。じっくりと読むことの大切さを学ぶことができました」と語った。山頭火の句を詠むには、山頭火の気持ちになって考える、それが味わいの世界（学び）である。

（3）関係の中で学ぶことと教師の指導技術

①　教師と子どもの関係——子どもの発言をどう聴くか

聴ける子どもを育てるには、まず先に教師自身が「聴ける」教師になることである。特に間違った答えへの対応は、時に子どもの自尊心を傷つけることもある。

●教師の不用意な発言

中学校一年生理科の授業である。三つの回路に流れる電流を測定し、数値A、B、Cが求められ、これらの間に「A＝B＝C」という関係が成り立つと板書した。次に教師は、教室のみんなに「この三つが同じになる回路は、どんなことが言えるか」と質問した。教師が期待する答えは「直列」であったが、意図的に指名された清水さんは「A＝B＝C」と答えた。教師は「清水、それじゃあ黒板の結果を読んでいるだけじゃないか」と小馬鹿にした。それが仲間の嘲笑的な笑いを生みだした。清水さんは一瞬つらそうな表情を見せる。「A＝B

＝Ｃ」は決して間違いではない。子どもの意見はどれも素晴らしい。そうした聴き方ができていない。子どもに失礼である。教師の心ない聴き方が子どもの自尊心を傷つけ教科に対する関心意欲を萎えさせてしまう。こうしたとき、教師は「その通りだね。それを別な言葉で言えないかなあ」と問えば、子どもの心を傷つけることもなく、仲間から嘲笑もされなかった。

●子どもの声が小さいとき

子どもが小さな声で発言をした。教師は、それに対して「よく聞こえないから、もっと大きな声でもう一度」と当然のように返した。しかし、授業協議会である教師が「佐伯君は、発表しようかしまいか迷っていた。勇気を出して精一杯に発表したのに、かわいそうだ」と発言した。「かわいそう」は子どもの自尊感情とつながる。

子どもが気軽に発言できるのは、教師が子どもの発言に最後までつきあってくれるという信頼があってのことである。子どもにとって発言は自分を他人にさらす行為なのである。したがって教師がその不安を包み込むように「きちんと聴くこと」を心がける必要がある。教師の聴き方によって子どもの自尊心を高めたり低くしたりする。

どんな意見も素晴らしい。間違えをどう活かすか

子どもの解答が間違いであっても温かく受けとめる。「正解・不正解」という聴き方でもなく、「素晴らしいね」でもなく、まず「そう思ったわけだ」と受けとめ、発言の根拠や理由を問い直すことである。もちろん、すべての発言や「つぶやき」を受け入れることではない。「聞き流す」ことも必要である。

藤原先生の数学授業。「（－3）×（＋4）の答えは?」に尾沢さんが「（＋12）」と。すかさず仲間の一人が「バ～カ」と言う。仲間の意見を小馬鹿にすることで自分を優位に保とうとする、浅ましい行為である。藤原先生は、人を小馬鹿にした子どもを厳しく叱った後、間違えを間違えで終わらせず「尾沢さん、じゃあ（＋3）×（－4）の答えは?」と尋ねた。尾沢さんは「（－12）」。この答えで藤原先生は「なるほど、尾沢さんの計算方法がわかった気がするよ。みんなはわかる?」と尋ねた。仮に間違いの答えであっても、その理を追求する。

そのことで尾沢さん自身の計算の問い直しになる。

彼の計算方法は、被乗数、乗数の絶対値を計算し、その大きい方の符号を解の符号にした。間違いにも理がある。そのことを藤原先生は明らかにし、さらに「バ〜カ」と嘲笑した子どもへ「及川くん、なぜ（−12）になったの」と尋ねる。それに対し及川くんは「同符号の計算はプラス、異符号の計算はマイナスになるから」と。この概念は未学習である。塾で学んだことを自慢そうに言っただけで、本当の意味はわかっていない。女子が「先生、私はマイナス×プラス＝マイナスになるのがわかりません」と疑問を発する。子どもから「わからない」と言える学級は素晴らしい。

藤原先生は、「塾で習ったでは数学的に『わかった』ことにならない。今日は、なぜマイナス×プラスがマイナスになるのかを学ぶことにしよう」と課題を板書された。

学びとは、子どもたちの疑問からスタートする。学びとは、自分の考えを問い直しながら別の世界に辿りつく作業かもしれない。他人の考えや意見を否定せずにきちんと聴き合う。とても難しいことだが、教師の仕事は、子どものわからなさにつき合うことである。

●依存せずに孤立する子どもへのケア

数学のような場合、教師は自力解決を求めるが、解けない子どもは五分かけても一〇分かけても解けない。逆に解ける子どもは数分で解いてしまう。静かに黙って座っていても時間の無駄はある。子どもには、まず個人作業をさせる。どうしてもわからないときは、仲間に「教えて」を言わせる。しかし、能力が低い子どもほど他者に「わからない」が言えず孤立する。なぜ子どもが仲間に依存ができないのだろうか。特に低学力層の子どもほど他人に依存しない。その要因の一つは、自分ができないことを他者に知られたくない、できないことを誤魔化すためである。もう一つは、何を尋ねたらいいのか、それがわからない。だから自分からは「わからない」がごく自然に言えない。

依存できる子どもに育つには、子ども同士の人間関係の良し悪しで左右される。それだけに最初は教師が困り感を示す子どもの傍らに行き、子どもの様子を見てタイミングよく「どこがわからないか」を尋ねる。子どもの多くは「全部」と答える。全部という言葉で教師の質問を逃れようとする。教師の仕事は、わかることとわからないことを明らかにすることである。教師にはそれができていない。子どものわからない部分がわかれば、その部分を仲間に「教えて」と尋ねさせる。教師の多くは、教師自身で子どもに教えてしまう。教師が教えることも必要である。けれども、他の子どもにつなげないと、仲間に「教えて」とはなかなか言えず「先生、先生」となる。

●子どもの発表と教師のポジショニング

「三保さんが発表するために黒板の前に出ましたが、そんなとき、平野先生は、はじめは黒板の前にいたのが、三保さんが出てくるとほんとにすばやくコの字型の後ろまで行かれた。あれは、三保さんが全員の子どもたちに話すようにとの配慮のスタンスだった気がする。あれはすばやかったな。実は私は一時間目に授業をしたのですが、黒板の横で発表を聞いていました。教師のポジショニングで学ばせてもらいました」。

これは、ある授業協議会での教師のポジショニングについての感想である。他者の授業から自分の授業を問い直していることが素晴らしい。

② 子どもと子どもの関係――互恵的な学び

ある教師がグループ活動のよさを次のように語った。「吉崎さんがグループ活動をどのように感じているかがわかった。彼女は、いつもは学習意欲が低く学習に参加していない。その彼女が二回目のグループ活動では隣の原さんから解き方のポイントを教えてもらい『わかった、できた』とうれしそうにつぶやいた。その後、『みんなで学ぶ方が楽しい』とつぶやいたのには驚かされた」。

一人で解けない子どもも仲間に依存することでわかるということを実感した教師は、教え方が変わる。

③ 子どもと子どもの関係――ひと言も発しない子どもへのケア

坂本先生は、「青木さんは、グループ活動でほとんどみんなの力になっていなかった。しかも話し合いにはノータッチ。だからといって『わかった』でもない。授業後に気になってインタビューをしたら、『みんなのおかげでとてもがんばれた』と語ってくれた。彼女は彼女なりに参加していたのですね。黙って座って見ているだけと思っていたが、グループ活動は、彼女にとって良い学びの場になっていた」と語った。それに対して別の教師から次のような発言があった。「参加するだけでいいのかなあ。彼女はリーダーの書いたことを写していただけだった。本当にわかっていたのか疑問だ」と。

二人の教師の分析が、「言葉がなくても参加している」と「言葉もなく他者の書いたものを写すことは参加にならない」に意見が分かれた。子どもの参加は「こうでなければならない」ではない。子どもの能力を考慮しながら、どう対処するかを考える。

④　子どもと子どもの関係――子どもが言葉を発するとき

田中先生の三年「家庭」。授業を参観した坂本先生は「私は三班を見ていた。

発表が始まってから丸田さんはずっと下を向いて話を聞いていない感じだった。それが、自分たちの班の発表が近づいてくると顔が上がった。丸田さんは、自分の班を代表して発表するため、発表内容を確認するために下を向いていたのですね。彼は、私の授業では声を発することはほとんどないし、声を聴くことはなかった。それが仲間の前でしっかりと発表していたのに感動した。彼も成長していることがうれしかった」と。これだけで話が終わってしまえば事実の発見と感想だけである。この感想に、櫻井先生が付け加えた。「作業的な活動に入るとき、田中先生（授業者）が『袋を分けるから班で取りに来て』と言ったとき、班長の白井さんは丸田さんにお願いした。次のホワイトボードもそうだった。発表者も丸田さんにお願いした。丸田さんは仲間との関係の中で居場所や責任が与えられて声が出せたのだ」と。

ある教師の発見に別の教師の発見が積み重なる。丸田さんの変化は、始まりであって長期的に見ていかなければならない。けれども子どもは仲間との関係の中で変化することを確認できた。「協同」が子どもの変化を起こすきっかけになっている。

⑤　子どもと子どもの関係――子どものひと言で仲間が動く

桜井くんは、自分から言葉を発することはほとんどない。彼が国語の読みで活躍をした。授業者がメリーさん（外国籍で読みには自信はない）に読みを指名した。その時の様子を参観者は「メリーさんが国語の読みを指名され、読みができずに困っていた。メリーさんは桜井くんが対話が苦手だと知っていないから『なんて読む』と尋ねる。尋ねられるたびに『ぼそぼそ』と読み方を助けていた。驚いたのは、それだけではない。隣に座る佐藤さん（机上には何も置いていない。仲間の話に無関心）に向かって『人の話を聞いているだけでも勉強だよ、教科書を出して』と言った。驚いたことに佐藤さんが教科書を机上に取り出し、学び始めた。すごいことだ」と桜井くんの行為を自分のことのように喜んで語る。しかし、それ以上に桜井くんが他者を揺り動かすかかわりを自らしたことに驚かされた。

仲間の支えで発表する子ども

ある教師が「衛藤さんは、加藤さんに一生懸命に説明をしていた。加藤さんが『わかった』と言ったときの二人の笑顔が素敵だった。加藤さんは、グループ活動が終わった後の全体学習でも挙手し発表もした。今までこんな姿を見たことがない」と語れば、それを授業者が「そんなことがあったのですか。この次の授業で衛藤さんを褒めておきます」と応える。教師一人だと見過ごしていたことが仲間から学ぶことになった。

子どもによっては、自分をケアする人間を肌で感じられる

高知県のある中学校で出会った三年生の会話を紹介する。課題を自力で解けないでいる子どもたち。課題は次のようなものである。

> 一辺がxcmの正方形がある。その一辺を5cm長くした正方形をつくる。その正方形の四隅から一辺が2cmの正方形を切り取り、容積が132平方cmの直方体をつくる。xの長さは?

教師は個別指導に忙しい。親切に個別指導するあまり、指導されずに孤立する子どもがいた。この学校では子ども同士の協同的な学びを導入していたため、「教えて」が言える子どもが育っている。

加藤さんは「わかんない」とつぶやきながら隣の哲くんに「哲、容積って何？」と尋ねる。容積と体積の言葉がわからない。ところが尋ねられた哲くんは、彼女の言葉を無視し自分の世界に閉じこもる。「哲のやつ、無視して……」。哲は、加藤さんのいら立ちと殺気を感じたのだろう。「ごめん。ごめん。俺、解けんきー」と自分の胸の内をあかす。加藤さんは哲を諦め、後ろの優くんに「優くん、容積って何」と尋ねる。おもしろいのは、彼女が「優」とは呼ばず「優くん」と言葉を変えたことだ。なぜ一方は「哲」と呼び、他方は「優くん」と呼ぶのだろう。三人の人間模様がおもしろい。

優くんは実に丁寧に「容積って、体積のことだよ」。加藤さん「なんだ！体積のことか」とうなずく。優くんの素晴らしさはここから始まる。「じゃあ、この箱の体積は、どうやって計算する？」。加藤さん「？」。優くん「これは直方体だね。直方体の体積の計算は？」「たて×よこ×高さ」「高さっていくつ」「わからない」。実に丁寧で無駄な言葉がない。教師は、二人の学習の動きを最後まで気付かずにいた。

（4）教師の指導技術

①　子どもの身体から感情を読む

子どもを見るとき、二つの言葉を感じたい。一つは、耳から入る子どもの反応をどう聴くか。もう一つは、子どものまなざし、息遣い、仕草、からだの動きである。私たちは、今まで自分の耳に聞こえた言葉だけを聴いていた気がする。子どものからだは、声に出していなくても目に見えぬ内なる声（言葉）を発している。子どもの感情は、身体のどこかに表れる。特に目の表情や仕草に表れる。目立つ子どもはすぐにわかる。しかし、目立たない子どもが身体で「わからない」とか「様々なストレス」を伝えるのにわからない。教師がそれを感ずるにはかなりの時間が必要である。

ア　よく見かけるのは「ペン回し」である。これひとつとっても子どもの感情は読みとれる。ただいま思考中。問題が解けて暇。一人では問題が解決できない。それぞれに応じて対処法が異なる。

イ　子どもの相互指名で授業が進められていた。ある子どもの発言に、孝夫が珍しく挙手をした。ところが指名されなかった。その直後、彼は机を小さく何度も何度も叩いた。教師が相互指名だけに頼らず、子どもたちを見届けていたら彼は要らぬストレスを抱えないですんだかもしれない。

ウ　グループ活動で他者に依存できずに孤立している子どもに多い仕草は、三つある。一つは周囲をキョロキョロと見る。二つは隣り合う仲間の解答を気づかれないようにのぞき見し写す。三つは自力で解こうと教科書や資料集の中に答えがないかどうか探し

始める。教師は、子どもがこのような行為をし始めたらすぐにかかわりをもつことである。

エ　英子さんと春子さんの関係を手の置き方で語った教師がいた。英子さんは、自分のノートを春子さんら周囲の仲間に見られないようモノや手で隠している。間違えることもできずに固まっている。コミュニケーションが苦手だけではすまされない。ではどうするか。教師の類似経験からどう対処するかを学び合うことがないかぎり事は解決しない。

オ　足の爪先と踵を見ると集中力が見える。統計的なデータがあるわけではないが、踵が上がると身体が前傾し大体集中している。逆に集中が途切れ始めると爪先が上がり身体が背もたれにもたれるようになる。

カ　グループ学習への席替えでよく見かける机と机の間の溝である。多くの場合、子ども同士の人間関係がよくないときに生ずる。教師は、まず机をつなげる。コミュニケーションの問題はコミュニケーションさせることでしか解決しない。

②　沈黙を怖がらずに「待つ」

教師は教室の沈黙を怖がる。だから次々に質問をする。その度に子どもたちの思考は分断され、せっかく思考したことが無駄になる。人は深い思考をすると沈黙する。子どもに任せて「待つ」勇気がほしい。

またよくあるケースで、教師がテキストを一度読ませただけで、すぐに「主人公の気持ちは？」と間髪を入れずに発問する。一度ぐらいの読みで自分の考えをもつことは難しい。教師の発問や仲間の表現を自分の身体の中に取り込み、もう一人の自分と対話する。対話には「間」という時間が必要である。だから「待つ」のである。

③　机に突っ伏す子どもへのケアとコの字型の活用

机に突っ伏す子どもがいた。ほとんどの学校では切り捨てられている。学びの専門家なら絶対に切り捨ててはいけない。それができない教師に子どもは感覚的に不満をもち信頼をしない。

彼/彼女らに必要なことは「一分ルール」である。つまり一分以内に子どもとかかわりをもつ。それでもまた机に突っ伏すことがあってもかかわることに意義がある。

コの字型の机配置で授業をする学校では、机に突っ伏す子どもがいれば、すかさず子どもの傍らに立ち、突っ伏す子どもに声掛けをしながら全体学習を進めることも可能である。もちろん、ずっと子どもの傍らにいられない。それでも「あなたを見捨てない」というメッセージを伝えたい。

④ 板書について

授業者の遠藤先生が子どもの発言を聞きながら板書をしていた。この事実について久保田先生は「幸一君が発表をしているとき、遠藤先生はうなずきながら板書をされた。夏美さんは幸一君の話は聞かずに板書をじっと見ながらノートに写していた。聴き合う関係からすれば夏美さんには幸一君の発言をきちんと聴いてもらいたいなあ。でも夏美さんが悪いわけでもない。遠藤先生が板書をしないか、したときには『後で写す時間をとるから』と言えばどうか？」と改善策まで発言していた。

⑤　子どもの発言を人・モノ・ことへつなげ、学びを組織する

●平板な展開にしない

家庭科の授業「幼児」のことである。沼田先生の質問に田中さんが「赤ちゃんは転びやすい」と答え、「転びやすい」と板書し、「他に気付いたことはありませんか」と学びを切ってしまった。また社会科の授業で、「総理大臣になれる条件をたくさん出す」という発問に子どもが「政党の党首が総理大臣に指名される」と応える。教師は「ほほう」と言いながら「政党の党首」と板書し、「他にないか」と発問する。それによって「裏で賄賂を渡した」「権力を振りかざした」「コネをもっていた」「老人が多い」等々の意見が出る。「他にないか」で意見は多く出るが、意見の羅列で仲間の発言から思考することがない。何も教えていない。何も考えさせていない。

この授業を参観していた牧野先生は「先生方は意見がたくさん出ることを求めていませんか。少ない意見でも、そこからつながっていいわけでしょ。ただ意見をたくさん言わせるだけだとどうしても授業が単調になりますね。意見がつながって学びが深まる楽しさを子どもたちに実感させられたらいいのですが……。難しいですね」と語れば、授業者の内本先生は「私もここまで進めたいという焦りがあって、やはり難しいですね」と本音で答えていた。

●一往復半＋α――子どもの曖昧な表現を問い直す

「なぜ在日コリアンが多いのか」をテーマにした社会科の授業である。全体学習での兼子先生の発問の仕方について、佐々木先生が、「原因はどこにあるのかの問いに早川さんが『日本にある』と。兼子先生は自分の発問がよくなかったと感じ、『原因は日本にあるが、日本が何をしたのかもう少し詳しく説明して』と問い直した。咄嗟の判断で切り返したのが素晴らしい。その結果『強制連行』『土地調査事業で土地を奪う』という言葉が生まれた」と、評価していた。

子どもの曖昧な発言を追求することで歴史の本質に迫り、学びが高まっていく。子どもが根拠のない発言をした場合「どこでそう思った」とか「もっと詳しく説明して」とか「今の意見について、みんなで考えてみよう」等、考えをつなぐ工夫をする。それが子どもの深い理解につながる。

　また**愛知県小牧市立応時中学校**の畑中教諭の社会科「奈良時代の人々のくらし」である。畑中先生は百姓が夜逃げをする絵を見せ、絵画資料から歴史を読むことに挑戦する。畑中先生の素晴らしさは、子どもの発言の聴き方である。「誰かが夜逃げをしているように見える」という発言に対し、畑中先生は「逃げているのは誰だと思う」と教室のみんなに問い、「百姓」を引き出す。次に「百姓はどこからどこへ逃げていくの」と発問し「口分田から都へ」が引き出される。さらに「口分田って？」と発問する。畑中先生は、子どもが曖昧な表現や比喩的な表現をすると必ず切り返し、視点の変換を図りながら本時のねらいに迫っていく。子どもの反応の事実に即して発問を組織し発展させる技術が素晴らしい。

●子どもの表層的な読みを深めるためにテキストに戻す

種田山頭火の「わけ入ってもわけ入っても青い山」を読み味わう授業でのことである。五木君が「山を登って頂上に立ったとき、そこから遠くにある山が青い山に見えた」と読んだ。それに対して早苗さんが「五木君の言う意味はわかるけど、違うと思う」と反論。早苗さんのイメージは「道がないところをいくら歩いても青い山ばかり」であった。授業者の甲藤先生は「二つのイメージが違うね。もう一度、山頭火の句を音読して自分のイメージを描いてくれるか」とテキストに戻し、二つの異なるイメージをさらに追求することへ移行する。何度も何度もテキストに戻しながら教材や仲間の思考と対話し、探究し合って自分のイメージを再構成する。これが子どもに思考力や追求力を育てる。この授業を参観した教師が「甲藤先生は、子どものイメージをすばやく整理し、教科書の言葉につなげる力がすごい。自分ならできるかどうか」と語った。

(5) 課題、授業デザインと学びの質

① テキストとの出会い、子どもから問う

国語の授業では、授業の最初にテキスト(教科書)を読むことが多い。その場合、すらすら読めることが目的ではない。読むことは言葉を味わうことである。どの言葉からどんなイメージが描けるかを相互交流する。

静岡県富士市立元吉原中学校・田中由美子教諭は、前時に子どもの疑問を出させていたので、それを導入時に本時の追求課題として確認し、テキストの読みに入る。この方法がベストということではない。ただ、子どもの「問い」をみんなの「課題」にして読み味わうことを組織したことが素晴らしい。今までの授業では、まずテキストを読ませ、教師側の論理で課題を出すことが多い。それを逆にした。

これからの学びは子どもの側から問う授業が求められる。子どもにとって学ぶ必要感があるからこそいきいきと学べる。

② 科学的な説明にメンタルモデルが登場

塩化銅水溶液の電気分解の実験をした後で、「なぜ閉回路でないのに電気が流れるのか」「なぜ電気量が途中から減少したのか」の科学的探究をする授業である。私の観察していたグループ活動で暁くんがグループの仲間に「＋極のところに塩素イオン、－極のところに銅イオンが集まることはわかるね。塩素イオンの電子が流れて銅イオンのところまで行く」と説明する。綾子さんは「ややこしいよ。＋極は悪徳サラ金業者で、塩素イオンは借金している人。サラ金業者は、金がほしいから借金している人から金を巻き上げる。だから電気が流れる」と。大変おもしろい発想である。けれど暁くんをはじめ仲間には「ややこしい」と不評である。全体学習に戻って＋極から塩素が発生したことから、塩素イオンのマイナスが＋極から－極に流れていくことが押さえられる。けれども子どもたちは納得できない。再びグループ活動に戻る。綾子さんが突然「わかった」と。彼女の説明は「こぶとりじいさん」の話であった。「塩素イオンはこぶ付きじいさんで、銅イオンは顔に二つのへこみがあるじいさん。こぶ付きのじいさんはこぶがあるとみっともない。だから誰かにもらってもらいたいでしょ。だから＋極にこぶ（負の電子）をもらってもらう。逆に銅イオンじいさんはへこんでみっともない。だから埋めるために負のイオンをもらって埋めて銅になる。どう」。子どもたちは「なるほど」と納得顔になる。

子どもたちがどのような科学的思考活動をしているか、実におもしろい対話と協同である。これが科学的思考かどうかよりも、メンタルモデルを使って科学を解明しようとする対話が大事である。

③　教材、教材内容のレベルと発展性はどうか

授業は、どのような教材を、どう配列し、どう効率よく展開するかも大事であるが、それ以上に課題のレベルと魅力ある課題である。課題が、子どもたちにとって高いレベルなのか低いレベルなのか。低すぎれば達成感や満足感が得られず意欲を失い、むしろ緊張感のない雰囲気を醸し出す。逆に子どもの能力よりやや高いギリギリの課題だと緊張感をもって真剣に取り組む子どもの姿を

見ることができる。齋藤喜博が「新しい発見をするには、追求に追求を重ねる。創造に創造を重ねていく。教師の仕事はそうでなければ」と書いた。そのような授業をするには、「やってみたい」「考えたい」というような学ぶ価値のある課題を準備しなければならない。

さらに学習指導要領に示す上の学年の内容や学習指導要領に示す内容を超えて理解をより広げたり、深めたり、知的好奇心や探究心を高めたりする内容に挑戦させたい。探究のない授業はさわやかで終わってしまう。

(6) その他（授業とは直接関係のない事実）

① 目立たない子どもの感性を認める

美術「鑑賞」の授業である。参観者が「仁さんは、おとなしい子で能力的に少し遅れていると思いがちだけれど、彼が『注目するところが違うと見えてくるものが違う』とつぶやいた。そのとき、授業者はそのつぶやきを聞き流さず『仁さん、注目するところが違うと言ったけれど』とつぶやきを拾い上げた。

一般的にはできる子どもの意見で授業は進んでしまうけれど、ふだん目立たない仁さんに表現させたことがよかった。仁さんって普段は目立たないけれど、鋭い感性があるすごい子ですね」と語った。子どもの能力を捉え直している。

②　子どもへのケア（気配り、配慮）

田村先生と子どもの目が合わない。田村先生はあえてその子どもを指名する。やはり子どもは目を合わせない。この女子は、指名される以前から田村先生を見ずにずっと下を向いていた。関係がねじれているときによく見かけるが……。この事実に対して林先生が「裕子さんは私の授業でも同じです。今日、彼女が唯一顔を上げたのは田村先生がプロジェクターで説明したときだけです。こうした子どもにどう対応したらいいのか、困っています」と語る。この発言で田村先生と子どもの関係がねじれていたのではないことが明確にされた。どんな事柄が過去にあったのだろうか。それがわからない限り関係の修復はできない。担任や学年団の教師たちが、授業外でその子にかかわることが確認される。

授業研究計画例（平成23年度東京都江戸川区立南葛西第二中学校）

月　日	研修会	授業者（延べ27人）
4／11	23年度研修計画案（職員会議）	
4／16	学校公開授業	
4／18	理論研修	
5／25	学年授業協議会	清水、青柳
6／15	学年授業協議会	笹木、関岡、小金丸
7／4	学年授業協議会	上林、小林、石井、宮越
7／9	学校公開	
8／30	学年授業協議会	内海、服部、柴、西村
9／7	全体研修	小金丸
10／3	学年協議会	荒木、高橋、柴崎、江川
11／7	都研修センター研修	小貝
11／14	学年研修	笹木、大澤、佐久間、波形
1／18	全体研修	山根
2／7	学年研修	清水、新田、蘭草
2／20	23年度まとめ、24年度方針	

（敬称略）

解説

佐藤雅彦さんが開いた中学校の授業改革

佐藤　学
（東京大学大学院教育学研究科教授）

1 改革のエッセンス

本書は、佐藤雅彰さんが岳陽中学校長を退職して以降七年間、全国の中学校を訪問して推進してきた学校改革と授業改革の支援活動のエッセンスを叙述している。佐藤雅彰さんほど、多数の学校を訪問し、それぞれの学校で「奇跡的」とも言える成果を生み出してきた人は他にいない。佐藤さんは年間二二〇日以上も各地の学校を訪問し、毎年一五〇校近くの学校改革を支援してきた。それだけでも圧倒される仕事である。しかも、佐藤さんを招聘する学校は、その多くが問題行動や授業崩壊が頻発し低学力に苦しむ「困難校」と呼ばれる学校である。それらの学校が佐藤雅彰さんの支援を求めるのは、どんなに困難な事情を学校が抱えていても、佐藤さんが学校の状況をまるごと受け止め、教師たちや生徒たち自身が希望を回復し問題解決に立ち向かう最上の策を提示してきたからである。その信頼への応答が、佐藤さんの学校改革の日々の活動を支えている。

　佐藤さんと同志として同じ活動を続けてきた経験から、私は「学校改革は多元高次方程式を解くようなもの」と表現してきた。どの学校も同様の問題を抱えながらも、その解決策は決して一様ではない。学校の置かれている状況、教師の構成や生徒の実態、学校の歴史と地域の文化、それらの背景やリソース（資源）の多様性によって多元的で複雑な要素が絡み合い、学校ごとに「多元高次方程式」が異なり、それぞれの解法へのアプローチは、まったく異なる様相を示している。私自身も、これまで二〇〇〇校を超える学校を訪問し内側からの学校改革を支援してきたが、一つひとつの学校との関与は、嗅覚にも似た繊細な感受性と経験によって培ったカン（暗黙知）をフル動員した「器用仕事」にならざるをえない。それ以上に必要なものがある。訪問する学校の教師たちと生徒たちに対する信頼である。この信頼に揺らぎがあると、どんな助言や支援も実を結ぶことはない。そして、この信頼は、教師一人ひとり生徒一人ひとりの声にならない声に耳をすまし、まだその学校で誰も描けていない「ヴィジョン」

を誰よりもいち早く察知し提示することによって形成される。

いつも思うことだが、学校改革が失敗するのは、学校の改革が一般の人々や教師自身が想定しているよりもはるかに困難な事業であることを認識していないからである。授業改革の失敗も同様である。授業改革の失敗は、授業実践が一般の人々や教師自身が想定しているよりもはるかに複雑で知性的な活動であることを認識していないことに起因している。

そのことを理解すれば、学校改革と授業改革のコンサルテーションが、気が遠くなるほど難しい作業であることも理解されるだろう。しかも、学校改革にも授業改革にも「こうすれば良い結果がえられる」という万能薬など存在しないのに、コンサルテーションは「こうした方がよい」という助言のかたちでしか提示しようがない。これは絶対的な矛盾である。学校改革と授業改革の支援に従事する者は、この絶対的矛盾の中に身をおいて葛藤し続けなければならない。本書が、すばらしいのは、この葛藤と苦闘の足跡が極限のかたちで一般化され、どの学校でも可能な示唆として提示されていることである。

2

「学びの共同体」へのオリエンテーション

佐藤雅彰さんは中学校の風景を一新した教師であり校長である。一九八〇年代以降、日本の中学校は、数々の危機的現象に苦悩してきた。校内暴力や非行や問題行動やいじめ、学びからの逃走、不登校、授業崩壊、低学力と学力格差など、「教育危機」と呼ばれる現象のほとんどは中学校を中心に派生してきた。これらの夥しい危機の中で、生徒も教師も保護者も傷つき、混乱と混迷を深めてきたのが中学校の現実であった。学校と教師たちの対応は対処療法的であり、受け身的であった。中学生たちの荒れを抑制し沈静化するために、教師たちは「生活指導」と「部活指導」と「進路指導」に精力を傾けてきたのである。しかし、それら三つの「指導」の限界は明らかだった。

佐藤雅彰さんが校長として静岡県富士市立岳陽中学校で二〇〇一年から

二〇〇四年にかけて推進した「学びの共同体」の学校改革は、「奇跡的」な成功によって全国の中学校の風景を一新させるものとなった。

改革前の同校は、富士市の中でも生徒の荒れの厳しい「困難校」であった。非行や問題行動の件数は多く、対教師暴力や生徒間暴力も後を絶たず、不登校の数も多く、授業中も校舎と校庭を生徒たちが徘徊するという状態だった。同校では教師は疲弊して「三年もたない」と言われ、生徒の学力は市内で最低レベルであった。その学校が、全国の中学校を一新する「静かな革命」を達成したのである。

佐藤さんは、岳陽中学校の校長に赴任する前に、同じ校区の広見小学校において「学びの共同体」の学校改革を成功させ、この改革のヴィジョンと哲学と活動システムに確信を抱いていた。事実、広見小学校は、「学びの共同体」の学校改革のメッカとも言われる神奈川県茅ヶ崎市立浜之郷小学校（当時・大瀬敏昭校長）とほぼ同時期に改革を開始し、浜之郷小学校と並ぶ成果を収めていた。「学びの共同体」の学校改革の出発点は、新潟県の平澤憲一校長のパイオニア的な試みとしての小千谷市立小千谷小学校と長岡市立南中学校の改革にあった。浜之郷小学校の大瀬敏昭さんも広見小学校と岳陽中学校の佐藤雅彰さんも平澤校長の二つの学校の改革を継承して、「学びの共同体」の学校改革の方法を洗練させ、学校改革の全国的なうねりを創出したのである。

岳陽中学校における「学びの共同体」の「奇跡的」な成功は歴史的事件であった。それまでいくつもの学校で「学びの共同体」の改革を実践してきた私自身も、岳陽中学校における「奇跡的」成功を目の当たりにした日は、一日感動で身体の震えがとまらなかった。改革の一年後、同校では、どの教室においても一人残らず生徒が学びを真摯に遂行し、一人残らず教師たちが専門家として成長し合い、そしてほとんどの保護者や市民が学校に揺るぎない信頼と協力的な連帯を形成したのである。もちろん、非行は皆無になり、問題行動もほとんど消滅し、驚くほど多かった不登校の生徒は数人を除いて登校するようになり、二年後には、学力水準も市内で最低レベルの学校からトップレベルの学校へと急上昇した。「革命」とも呼べる変化であった。

しかし、佐藤さんや私や教師たちや生徒たちにとって何よりも感動的であったのは、それら数値で明確に示される成果よりも、日々、希望をとりもどし、夢中になって真摯に学び合う生徒たちの姿であった。どの生徒も柔らかく、思慮深く、品も良く、そして美しい。中学生はこんなにも素晴らしい可能性を秘めていたのだと思い知らされたのである。

同校の「奇跡」は、新聞やテレビなどのマスコミや佐藤さんの前著『公立中学校の挑戦』(ぎょうせい)によって、またたくまに全国の教師たちに知られることとなる。その後、同校を訪問した教師は数年間で一万人を超え、海外からも韓国、中国、インドネシア、アメリカなどの教師や教育学者が訪問した。おもしろかったのは、最初の一年間の訪問者のほとんどが同校の成功に学ぶことを目的としていなかったことである。ほとんどの訪問者は、「報道され本に書かれていることが本当かどうか、この目で確かめに来た」と語っていた。それほど、同校の改革は、誰にとってもにわかには信じられないことだった。当時、机に突っ伏したりおしゃべりに夢中になる生徒が皆無で、一人残らず学びに夢中になっている中学校は、誰も想像できなかったのである。また、一人残らず教師たちが授業改革に夢中になり、校内に同僚性を築いて専門家として成長し合っている学校を想像することも困難であった。しかし、「奇跡」は確かに起こったのである。

一つの学校の改革が実現できれば、日本中のすべての学校が変わる。私は、この信念を抱いて、二〇年以上、毎週学校を訪問して内側からの改革を支援してきた。しかし、中学校、高校の改革は困難をきわめていた。ほとんどが失敗続きだったと

岳陽中学校の授業協議会：
佐藤雅彰さん（右）と私

岳陽中学校の理科の授業風景

言ってよい。その悲願が岳陽中学校においてやっと確かな実を結んだのである。そして、私の予想どおり、岳陽中学校の改革は、日本中の中学校の風景を一新するものとなったのである。

3

「学びの共同体」の活動システムの発展

佐藤雅彰さんと共に岳陽中学校の改革に取り組んで学んだことは多い。何よりも鮮烈に学んだことは、子どもは学び続ける限り、決して崩れないということである。子どもは学び続けている限り、親が崩れようと、友達が崩れようと、地域が崩れようと、決して崩れない。学びは子どもの希望の中核であり、人権の中心なのである。学校と教師の公共的使命は、一人残らず子どもの学ぶ権利を保障し実現するところにある。もう一つ鮮烈に学んだことがある。教師は「教える専門家」である以上に「学びの専門家」でなければならないということである。そして「学びの専門家」である教師によって形成された同僚性は、学校改革の最大の推進力になるということである。岳陽中学校では、年間に六〇回近く、授業の観察にもとづく授業協議会がもたれた。その協議会はいつも愉しく、笑いが絶えなかった。しかも、同校の教師たちは、改革以前とは比べようがないほど勤務時間を減らすことができた。

授業の改革をとおして、現在の「学びの共同体」の活動システムのほとんどが形成されていった。たとえば、コの字型の机の配置や四人の小グループの学び合いは、最初から提示されていたが、席を男女で交互に市松模様で配置すること、四人の小グループは男女混合で組織し、男女がたすき掛けになるように座るのが好ましいことなども、その一つである。これらは、教室の細かな観察によって発見された知恵である。教室の学びをつぶさに観察してみると、おしゃべりは同性同士で行っているが、学びは異性間で行っている。しかも、難しい課題になると、子どもたちは異性との間でコミュニケーションを行っている。子どもは、学びにおいては異性間のコミュニケーションが有効であることを身をもって示してくれていた。

あるいは、小グループの協同的学びを「共有」と「ジャンプ」の二つに分けて組織することの有効性も、岳陽中学校の授業改革において発見されたことである。ほかにもある。「教え合い」と「学び合い」の違いや、「話し合い」と「学び合い」の違い。さらには課題がやさし過ぎると、学び合いが成立しないことや、学び合う関係さえ築いていれば「ジャンプ」の課題は高ければ高いほど有効であることも、同校の授業協議会において発見され定式化されたことがらである。

佐藤さんも私も、「学びの共同体」の学校改革と授業改革が、形だけで導入されたり方式として導入されたりしても、それだけでは有効に機能しないことを熟知していた。しかし、そのことを他の校長や教師や教育行政の関係者に伝えるのは難しかった。困難をきわめている学校や授業づくりに困難を覚えている教師たちがまず形から入ることは、決して悪いことではないから、このことを伝えるのはいっそう難しかった。

「学びの共同体」の学校改革と授業改革は形式や方式ではない。それは二一世紀型の学校と教室の「ヴィジョン」であり、学校改革と授業改革の「哲学」であり、学校と教室を改革する「活動システム」である。その具体的な骨組みと原理は、浜之郷小学校と岳陽中学校を起点とする改革の実践によって、年々、その全体像が組み立てられてきた。その具体を本書は明示し叙述している。

佐藤さんは、岳陽中学校の経験をもとにして、同校を退職後、全国各地の小学校、中学校、高校において「学びの共同体」の「活動システム」を洗練させてきた。本書にもりだくさんに叙述された「活動システム」のエッセンスは、佐藤さんの学校改革の実践の膨大な経験と省察によって結実したものであり、それぞれの学校と教室の文脈に即して、誰もが導入し実験することが可能な示唆となっている。

4 広がる展望

佐藤さんが岳陽中学校において現実化した「学びの共同体」の学校改革は、今や、全国に三〇〇〇校以上の改革の拠点校（パイロット・スクール）を構築し、小学校で一五〇〇校以上、中学校で二〇〇〇校近く、高校も二〇〇校近くが改革に挑戦している。「学びの共同体」のホームページをご覧いただければ、毎日平均三校の学校が公開の研究会を全国で展開していることが知られるだろう。この改革のネットワークの中心に佐藤雅彦さんがいる。

国内だけではない。「学びの共同体」の学校改革は、韓国、中国、シンガポール、アメリカ、メキシコ、インドネシア、ベトナム、インドなどの諸国においても爆発的な普及をとげつつあるが、佐藤さんは、近年、毎年一か月以上、インドネシア、ベトナム、シンガポールを訪問して、その普及を支援している。

これら国内外の一連の改革において重要なことは、「学びの共同体」の学校改革と授業改革は「運動」ではなく「ネットワーク」であることである。日本の教育改革は、明治以来、「運動」によって推進され、絶えず政治化し権力化し画一化し硬直化してきた。「運動」は、組合だけが進めたのではない。文部省（文部科学省）も「運動」によって改革を遂行しようとしてきた。それに対して、「学びの共同体」の学校改革は、ボスも権力も持たず多様性を尊重し合う「ネットワーク」によって発展している。このネットワークを支えるのが、佐藤さんを中心とするスーパーバイザーであり、彼らのコンサルテーションである。

現在、「学びの共同体」研究会は、私や佐藤さんを含む約七〇名のスーパーバイザーのネットワークを形成し、この約七〇名のコンサルテーションによって約三〇〇校のパイロット・スクールと約三〇の「学びの会」がそれぞれの地域でネットワークをつくりだしている。このネットワークづくりが、退職後の佐藤さんの中心的な活動となった。本書は、佐藤さんの改革支援の実践報告であると同時に、スーパーバイザーの活動経験の交流によって到達した改革のデザインの要諦である。

佐藤さんの前著『公立中学校の挑戦』は、全国の中学校の風景を一新した書物となった。その続篇である本書は、全国の中学校、高校の改革のネットワークのバイブルとして読まれることとなるだろう。本書の刊行によって佐藤さんの活動のさらなる一歩が準備され、教育に希望を託するすべての教師たちが、学校改革と授業改革のより確かな展望を開くことを期待している。

（さとう・まなぶ　東京大学大学院教育学研究科教授）

あとがき

すべての教科にわたる「対話」と「協同」について文章化することはできなかった。特に芸術教科や技能教科については、学校訪問でも中心授業となることが少ない。他者と協同することが難しいと思われるのかもしれない。しかし芸術には人の魂を揺さぶる力がある。自分の思いを音や色や形によって表現する。と同時に他者の作品を模倣し合い、感じたことを他者に語り、他者の意見を聞く「協同」によって、それぞれが表現者として生きる。そんな学びを工夫し、自分なりの「協同」の形を伝えてほしい。それともう一つ。継続の難しさをどう乗りこえたか。それを言葉にしたい。

アインシュタインが「私たちは、いつか、今より少しは物事を知っているようになるかも知れない。しかし自然の真の本質を知ることは永遠にないだろう。どの学問においても、その営みは終点ではなく、真理の探究とは、学ぶ者同士が切磋琢磨することにより、常に磨きあげていくプロセスのことである」と。
学校を退職するまでは、私は、自分の学校をどうするかに尽力していた。退職後、その活動は「他の学校」への手助けという学び合いに変わったが、今もなお「対話」と「協同」を追い続けている。

二〇一一年九月

佐藤雅彰

【著者】

佐藤　雅彰（さとう　まさあき）

東京理科大学卒。静岡県富士市立広見小学校長、同市立岳陽中学校長を歴任。岳陽中時代に佐藤学教授と著した『公立中学校の挑戦――授業を変える学校が変わる　富士市立岳陽中学校の実践』（ぎょうせい）は、中学校における「学びの共同体」実践の先駆けともいえる取組みをまとめたもの。現在は、「学びの共同体」研究会の地域支部である富士学びの会に所属。富士学び工房（研究所）代表として研究の傍ら、全国各地の小・中・高等学校、ベトナム、シンガポール、インドネシア等で授業と授業研究の指導にあたっている。

【解説】

佐藤　学（さとう　まなぶ）

東京大学大学院教育学研究科博士課程修了。教育学博士。三重大学教育学部助教授、東京大学教育学部助教授を経て、現在、東京大学大学院教育学研究科教授。主な著書に『教育改革をデザインする』（岩波書店）、『「学び」から逃走する子どもたち』（岩波書店）、『学びの快楽』（世織書房）、『教師たちの挑戦』（小学館）などがある。

中学校における対話と協同
――「学びの共同体」の実践

2011年10月１日　初版発行
2019年４月10日　９版発行

著　者　佐藤　雅彰
解　説　佐藤　　学
発行所　株式会社 ぎょうせい
〒136-8575　東京都江東区新木場 1-18-11
電話番号　編集　03－6892－6508
営業　03－6892－6666
フリーコール　0120－953－431
URL　https://gyosei.jp

〈検印省略〉

印刷　ぎょうせいデジタル株式会社
乱丁・落丁本は、送料小社負担にてお取り替えいたします。

ISBN978-4-324-09384-9（5107797-00-000）［略号：学びの共同体］